Editorial

Mit Documenta-Geschäftsführerin Sabine Schormann (l.) spazierte MERIAN-Autorin Inka Schmeling im Zentrum umher. Petra Maier (r.) vom Concept Store »hab selig« stellt Kassels Vorderen Westen vor

Willkommen in Kassel!

Wenn eine Stadt im 20. und 21. Jahrhundert gelernt hat, das Gestern, das Heute und vorausschauend auch schon viel vom Morgen miteinander zu verbinden, dann ist dies Kassel. Früher war's eine am Zonenrand bedauerte Großstadt, heute ist es eine vielseitige, aufstrebende, grüne Metropole in unserer Mitte mit 24 000 Studierenden unter gut 200 000 Einwohnern. An der Uni wird zum Thema Nachhaltigkeit geforscht, das Stadtbild prägen großartige Grünanlagen wie der zum UNESCO-Welterbe zählende Bergpark Wilhelmshöhe. Sehenswert sind die Museen und die Ikonen der Fünfziger-Jahre-Architektur, inhabergeführte Geschäfte mit Fair Fashion, Bioprodukten und individueller Beratung laden ein zum Bummel. Und, nicht zu vergessen, die weltweit größte Ausstellung zeitgenössischer Kunst, die Documenta, wird in diesem Sommer wieder 100 Tage lang rund um den Globus Aufsehen erregen. In diesem MERIAN scout finden Sie die besten Insider-Adressen für Ihre Reise. Also nichts wie ab nach Kassel!

Ihr Team von MERIAN scout

WO LIEGT WAS?

Alle Tipps finden Sie auf der großen Karte auf S. 6-7. Fünf Kategorien helfen bei der Orientierung. Weitere wertvolle Informationen finden Sie auf der Website kassel.de

- **ENTDECKEN & ERLEBEN**
- **ESSEN & TRINKEN**
- **SHOPPING**
- **FEIERN**
- **ÜBER NACHT**

FOTOS: GEORG KNOLL, KARTENILLUSTRATION: JOCHEN SCHÄFERS

Inhalt

Unser Titelbild *Die zwölf Meter hohe »Spitzhacke« ist eine Skulptur von Claes Oldenburg, errichtet zur Documenta 7 im Jahr 1982: Sie verweist auf den Wiederaufbau nach dem Zweiten Weltkrieg – und auf den kraftvollen Herkules im Bergpark*

Der »Man Walking To The Sky« von Jonathan Borofsky steht vor dem Kulturbahnhof, dem früheren Hauptbahnhof

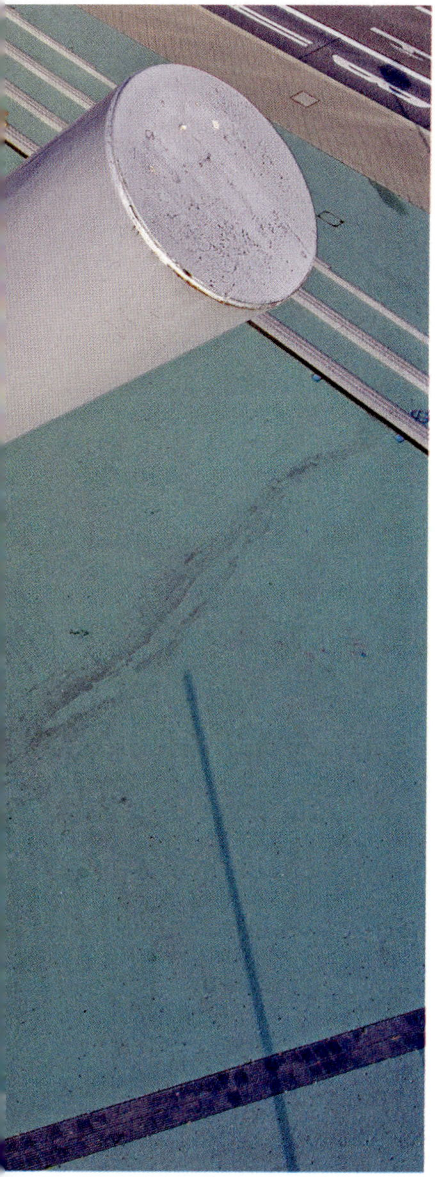

TITEL: GEORG KNOLL, FOTO: AARON MOSER

MERIAN SCOUT KASSEL

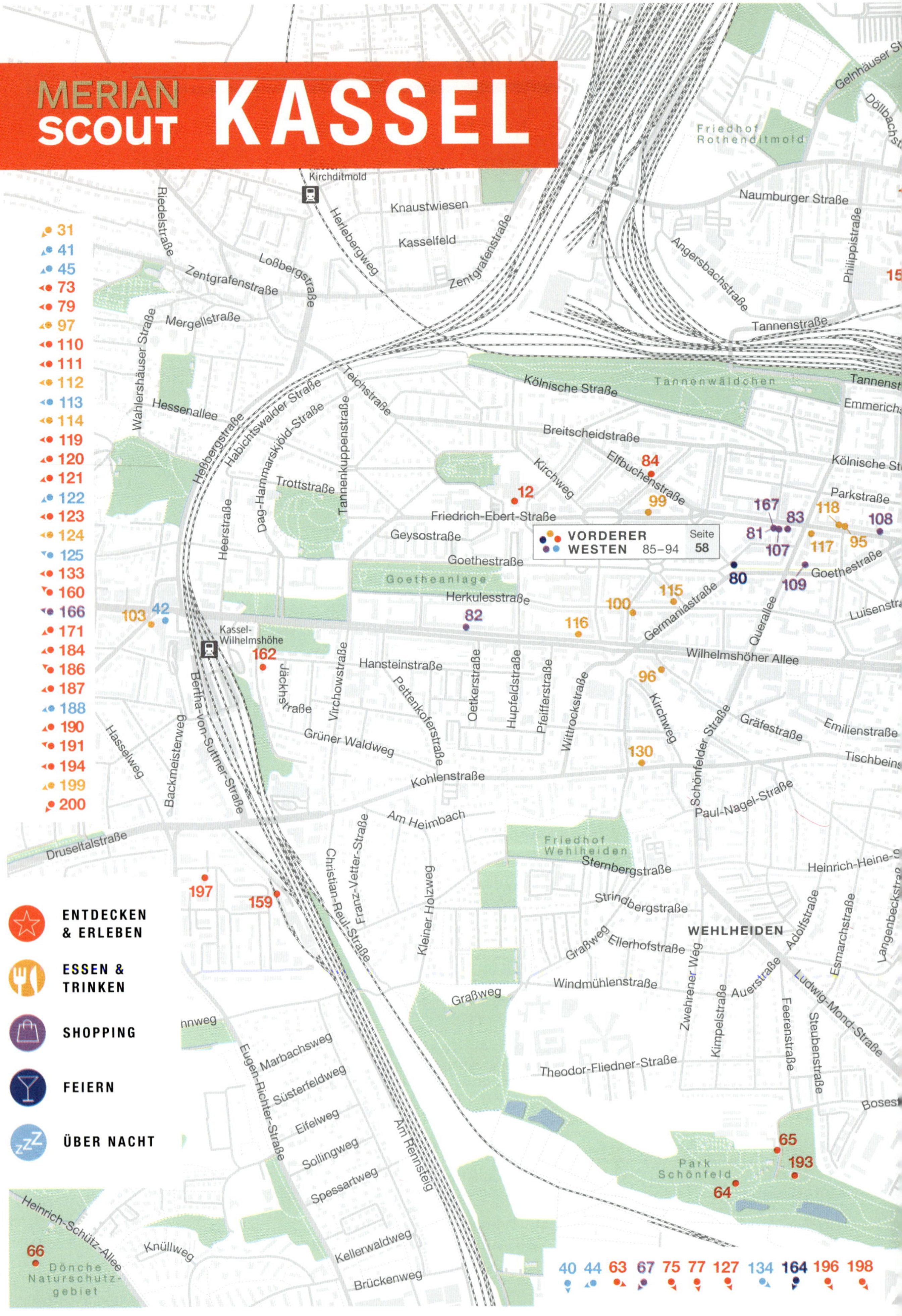

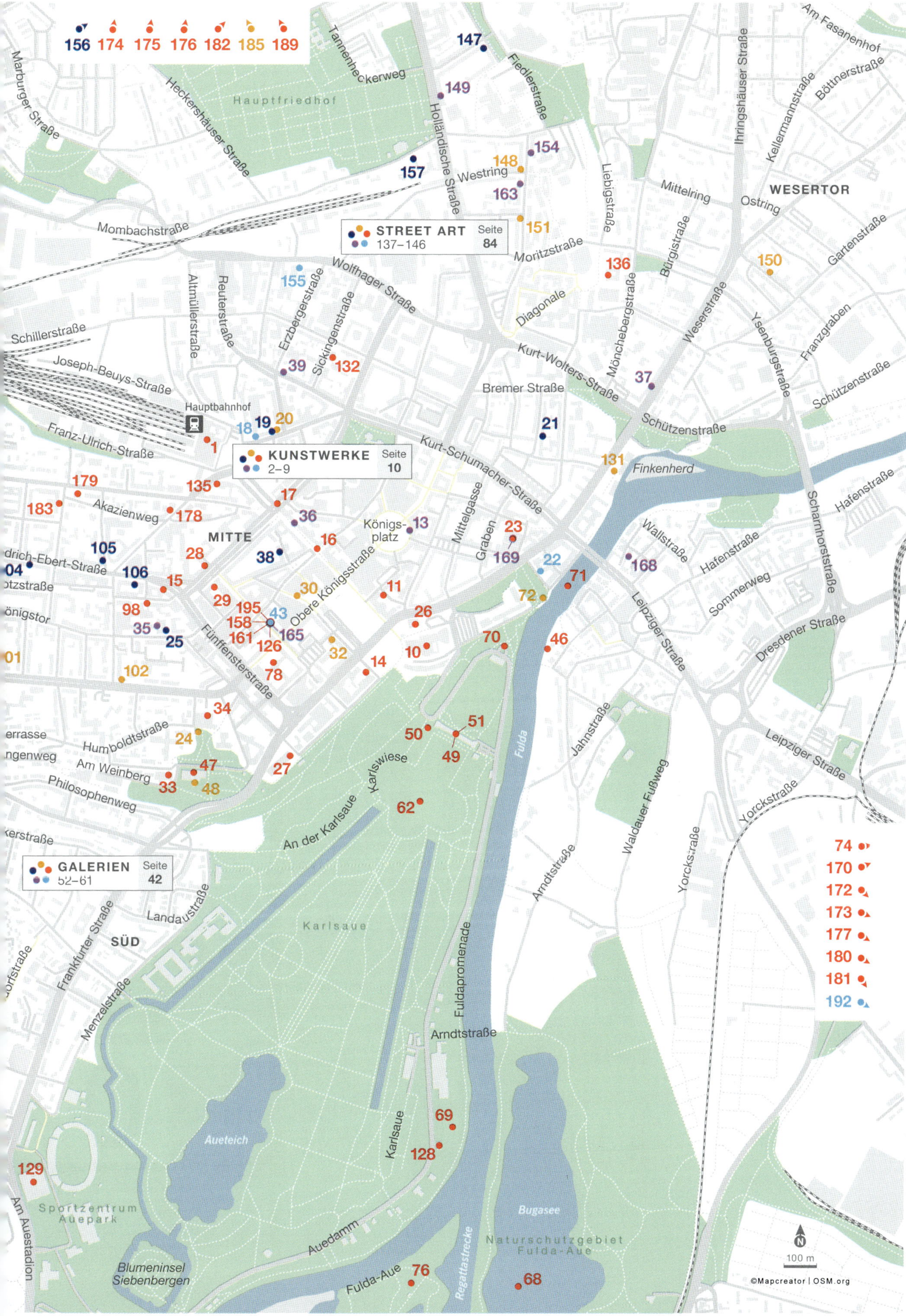

KARTENILLUSTRATION: JOCHEN SCHÄFERS

Die Skulptur »Man Walking To The Sky« des amerikanischen Künstlers Jonathan Borofsky steht auf dem Vorplatz des Kulturbahnhofs

01

01-39
Zentrum

KULTURBAHNHOF · DOCUMENTA-KUNST MIT SABINE SCHORMANN
STAATSTHEATER · SHOPPING IN DER INNENSTADT
FÜNFZIGER-JAHRE-ARCHITEKTUR · LOLITA BAR · STECKENPFERD
RENTHOF · MARKTHALLE · HUMBOLDT 1A
NATURKUNDEMUSEUM · BUCHHANDLUNG VIETOR
CAFÉ SALOTTO 1828 · MUSEUM FÜR SEPULKRALKULTUR
AESTHETISCHE WERKE · DREI/ BAR

Museen und Bühnen, viele Documenta-Werke und ein ganzer Bahnhof voller Kultureinrichtungen: Wer Kunst und zugleich Unterhaltung mag, muss in Kassels Zentrum nicht lange suchen

---

Abgefahren!

Cineasten schätzen die BALi-Kinos; wer raffinierten Humor mag, kommt in die Caricatura – Galerie für Komische Kunst. Jugendliche treffen sich zu Musik-Workshops im Klang Keller, und im Stellwerk gibt es wechselnde Ausstellungen. Keine Frage: Mit der Eröffnung des ICE-Bahnhofs Wilhelmshöhe ist der ehemalige Hauptbahnhof als **Kulturbahnhof** ein Mekka für Kulturliebhaber geworden. »Seit Mitte der 1990er Jahre haben sich hier Werkstätten, Studios und Ateliers verschiedener Kreativ-Institutionen angesiedelt, vom Bürgerfunk bis zum Zentrum für Architektur«, sagt Christoph Langguth vom »KulturBahnhof Kassel e.V.« Jüngstes Projekt ist die Tubestage, eine Open-Air-Bühne für Livemusik, Tanz und Lesungen auf dem stillgelegten Bahnsteig 2. Besonders schöne Kulisse der Events: die spektakulären Sonnenuntergänge über der Gleisanlage.

Rainer-Dierichs-Platz 1
kulturbahnhof-kassel.de

FOTO: H. & D. ZIELSKE

Herrin der documenta fifteen: Generaldirektorin Sabine Schormann in der Treppenstraße

Außenkunstwerk in der Karlsaue: Der bronzene Penone-Baum

02-09

DOCUMENTA-KUNSTWERKE

Alle fünf Jahre? Ein bisschen Documenta ist in Kassel immer. Das zeigt Sabine Schormann, Generaldirektorin der »documenta und Museum Fridericianum gGmbH«, beim gemeinsamen Rundgang durch das Zentrum von Kassel

Das Herz jeder Documenta:
das Fridericianum am Friedrichsplatz

Zum Mitbringsel-Shopping geht Sabine Schormann gerne zu Kramer Schupp und danach gibt's schräg gegenüber ...

... dänische Smørrebrøds im »Café Frokost«

02 **RURUHAUS**

Die documenta fifteen bespielt das frühere Kaufhaus in der Innenstadt mit vielen unterschiedlichen Events.

Obere Königsstr. 43
ruruhaus.de

03 **FRIDERICIANUM**

Herz jeder Documenta und wichtiger Ausstellungsort für zeitgenössische Kunst.

Friedrichsplatz 18
fridericianum.org

04 **PENONE-BAUM**

Dieser bronzene Baum in der Karlsaue trägt einen Findling: ein Werk von Giuseppe Penone mit dem offiziellen Titel »Idee di Pietra«.

Karlsaue

05 **HIMMELSSTÜRMER**

Vor dem Kulturbahnhof, dem früheren Hauptbahnhof, steht das Werk »Man Walking To The Sky« von Jonathan Borofsky (1992).

Kulturbahnhof

Das hier ist so etwas wie das Hauptquartier der documenta fifteen«, sagt Sabine Schormann und zeigt auf ein Kaufhausgebäude der Nachkriegs-Architektur in der Treppenstraße, Station Nummer eins auf einem Rundgang mit ihr durchs Zentrum von Kassel. Tatsächlich ist das **ruruHaus** nicht nur Hauptquartier für die Documenta, die vom 18. Juni bis zum 25. September 2022 in Kassel stattfindet. Sondern auch ihr Symbol. »Es ist die erste Documenta, die mit der indonesischen Gruppe Ruangrupa von einem Kollektiv kuratiert wird. »Sabine Schormann ist Generaldirektorin der »documenta und Museum Fridericianum gGmbH«, seit 2018 leitet sie die Planung der bedeutenden Ausstellungsreihe für zeitgenössische Kunst. Sie hat die documenta fifteen wachsen sehen, vom ruruHaus aus: Zwei der Ruangrupa-Künstler:innen leben seit 2019 in der Stadt, haben das »Hauptquartier« zu einem Ort der Begegnung gemacht – mit den anderen Gruppenmitgliedern, vor allem aber mit den Menschen aus Kassel.

»Nongkrong« ist das indonesische Wort für »gemeinsam abhängen«, und genau das ist ein zentrales Element für die Arbeit von Ruangrupa. Hier im ruruHaus wird die künstlerische Praxis geformt, die der documenta fifteen zugrunde liegt – durch Veranstaltungen und Diskussionen. »Das fand ich eine besonders interessante Herangehensweise«, erzählt Schormann, »wie sie auf diese Art ihr persönliches Mapping von Kassel geschaffen haben. Sie haben sich hier eben nicht einfach nur den schönsten Ort für ihre Kunst gesucht. Sondern die Einwohner:innen eingeladen, ihnen die Orte zu zeigen, die für die Stadt besonders wichtig sind.« Und so bringt die documenta fifteen zeitgenössische Kunst nicht nur ins Zentrum, etwa ins **Fridericianum,** wo Sabine Schormann als nächstes hinführt. Das Ausstellungshaus am Friedrichsplatz ist traditionell das Herzstück jeder Documenta. 2022 bespielt die Documenta gezielt auch Orte im weniger bekannten Osten der Stadt, in Bettenhausen, auf dem Areal der Hübner GmbH & Co KG und das nahe Hallenbad Ost. In einem Industrie- und Arbeitergebiet also, das zum Teil noch dörfliche, bäuerliche Züge hat. Wo man hier und da noch Fachwerk sieht, so wie einst auch im Zentrum von Kassel – bevor die Fachwerk-Altstadt im Zweiten Weltkrieg so gut wie komplett zerstört wurde.

Die erste Documenta, 1955 von dem Künstler und Hochschullehrer Arnold Bode initiiert, linderte dieses Trauma der Stadt ein Stück weit. Sie versöhnte die Bewohner:innen mit den neuen Bauten, mit denen Kassel nach dem Krieg schnell und pragmatisch wiederaufgebaut worden war, und sollte ihnen die moderne und zeitgenössische Kunst wieder nahebringen, nachdem

Hauptquartier der documenta fifteen: das ruruHaus an der Treppenstraße

sie unter den Nationalsozialisten verboten und geächtet gewesen war. Und so war die Documenta, dieses einzigartige 100-Tage-Museum, immer schon mehr als eine Ausstellungsreihe. Von Anfang an ist sie eng verbunden mit der Identität der Stadt.

»Die Documenta ist überall in Kassel zu sehen«, sagt Sabine Schormann, »nicht nur alle fünf Jahre, wenn sie tatsächlich stattfindet. Mindestens ein Kunstwerk bleibt von jeder Documenta und wird in der Stadt eingefügt.« Einige davon zeigt sie auf diesem Rundgang; das Gros der Außenkunstwerke befindet sich in Kassels Zentrum. Seien es Joseph Beuys' »7000 Eichen« aus den 1980ern oder der **Penone-Baum** in der Karlsaue: Im Vorfeld der Documenta von 2012 bezog sich Giuseppe Penone mit seinem bronzenen Baum, der im gekappten Geäst einen Findling trägt, auf Beuys' Aktion. Die vielleicht meistgeliebte Skulptur der Kasseler ist der **Himmelsstürmer,** entworfen 1992 von US-Künstler Jonathan Borofsky. Heute steht er auf dem Vorplatz des Kulturbahnhofs und wird gerne als Symbol für die aufstrebende Entwicklung der Stadt gedeutet. Sie prägen das Stadtbild, diese Außenkunstwerke, und sie erinnern daran, welchen gesellschaftlichen und politischen Themen sich die jeweilige Documenta stellte. Denn politisch ist jede Documenta, wie Sabine Schormann nur wenige Schritte vom ruruHaus entfernt in der Treppenstraße zeigt: Den rund 16 Meter hohen Obelisken **Fremdlinge und Flüchtlinge** hat der nigerianisch-amerikanische Künstler Olu Oguibe entworfen – auf dem Obelisken steht in den vier in Kassel am häufigsten gesprochenen Sprachen, also auf Deutsch, Arabisch, Türkisch und Englisch, ein Zitat aus dem Matthäus-Evangelium: »Ich war ein Fremdling, und ihr habt mich beherbergt.«

Was werden die Themen der documenta fifteen sein? »Ruangrupa geht es um ökologische, aber auch um ökonomische und soziale Fragen. Sie gehen diese Fragen sehr partizipativ an und genau das, die Inhalte und die Herangehensweise, begeistert gerade junge Menschen so für die documenta fifteen«, sagt Schormann. Im Grunde gehe es um die große Frage unserer Zeit, die überall auf der Welt identisch sei: Wie wollen wir zusammenleben?

Es sind solche Orte, das spürt man auf diesem Rundgang, die Sabine Schormann besonders mag, hier in Kassel. Orte, an denen man sich trifft und an denen man ins Gespräch kommt – sei es beim Wein an der Bar des italienischen Restaurants **Il Teatro,** beim Smørrebrød im **Café Frokost** oder beim gemeinsamen Stöbern in dem Geschenkeladen **Kramer Schupp,** um danach noch zusammen einen Kaffee zu trinken. Es geht darum, in Kontakt zu bleiben – denn Gemeinschaft braucht das.

documenta-fifteen.de

06 FREMDLINGE UND FLÜCHTLINGE

Der Obelisk von Olu Oguibe, errichtet zur 14. Documenta, mahnt die Passanten zu Aufgeschlossenheit, Menschlichkeit und Mitgefühl.

Treppenstraße

07 RISTORANTE IL TEATRO

Abends treffen sich Kassels Kunstfreunde gern mal an dieser Weinbar.

Oberste Gasse 11
ilteatroshop.de

08 CAFÉ FROKOST

Selbst gebackenes Sauerteigbrot ist die Basis für die dänische Smørrebrød-Kunst in diesem Café.

Wolfsschlucht 19
frokostkassel.de

09 KRAMER SCHUPP

Bunte Mitbringsel aus Kassel, vor allem Socken!

Wolfsschlucht 8
kramerschupp.de

FOTOS: GEORG KNOLL (4), GULLIVER THEIS (2), KARTENILLUSTRATION: JOCHEN SCHÄFERS

10

In alter Frische

Der von Paul Bode in den fünfziger Jahren entworfene Bau des **Staatstheaters,** in dem Schauspiel- und Opernhaus untergebracht sind, erweckt zunächst einmal nicht den Eindruck von langer Historie. »Dabei ist die Geschichte des institutionellen Theaters und Orchesters in Kassel so traditionsreich wie in kaum einer anderen Stadt Deutschlands«, sagt Intendant Florian Lutz. Zu Beginn des 17. Jahrhunderts wurde das erste fest stehende Theatergebäude Deutschlands errichtet, und das Staatsorchester blickt sogar auf eine mehr als 500 Jahre lange Geschichte zurück. Ein Erbe, an das das Mehrspartenhaus in einer – wie Lutz sagt – »fortwährenden Dialektik von Bewahrung und Innovation« anknüpfen möchte. Davon können sich die Zuschauer bei jährlich rund 30 Neuinszenierungen im Bereich Musik-, Sprech- und Tanztheater selber überzeugen.

Du-Ry-Straße (Schauspielhaus)
Friedrichplatz 15 (Opernhaus)
staatstheater-kassel.de

WIE IHR EUCH SCHON WIEDER AUFFÜHRT!

11 TIF

Die Studiobühne im Fridericianum wird vorwiegend für Schauspiel sowie für Kinder- und Jugendtheater genutzt.

Karl-Bernhardi-Straße
staatstheater-kassel.de

12 STADTHALLE

Symphoniekonzerte des Staatsorchesters Kassel finden regelmäßig im Kongress Palais Kassel statt.

Holger-Börner-Platz 1
kongress-palais.de

FOTO: ISABEL MACHADO RIOS

Staatstheater

Zwischen Tradition und Innovation: Kassels Bühnen blicken auf eine lange Historie zurück – und erfinden sich dennoch immer wieder neu

Orange is the new brown. Darf man über Nazis lachen? Diese Frage musste schon 1942 Ernst Lubitsch beantworten, als er die Komödie »Sein oder Nichtsein« erfand

Her damit!

Große Einkaufszentren und Filialen bekannter Marken säumen die Fußgängerzone. Unsere Shoppingtipps führen Sie jedoch zum Entenanger, in die Wolfsschlucht und die Wilhelmsstraße

Lässige Streetwear, fair produziert, gibt's seit Langem bei Fingerz

13

Du kannst einpacken

Die **Abbey Road** in London wurde durch die Beatles weltberühmt. Und natürlich verbirgt sich hinter diesem Namen auch in Kassel nichts anderes als Musik: ein gut sortierter Recordstore mit Fokus auf Vinyl (Entenanger 9). **Fingerz** (Foto), nur eine Straßenecke weiter, ist schon fast so etwas wie eine Institution – die aber in den vergangenen 30 Jahren stets mit der Zeit gegangen ist. Verkauft wird lässige Streetwear, die unter fairen und ökologischen Bedingungen hergestellt wurde (Entenanger 2, Eingang: Oberste Gasse). Um Mode dreht sich auch alles im **Schick Shop – Schöner als Gestern.** Außerdem im Angebot: Schuhe, Taschen, Schmuck und andere Accessoires (Wolfsschlucht 10). Wer hier nicht fündig wird, kann schräg gegenüber bei **Timeless** weitersuchen, zu deren Kollektion neben bekannteren Marken auch Newcomer-Labels gehören, darunter auch Fairtrade-Fashion (Wolfsschlucht 13). Etwas Zeit mitbringen sollte man für **Voice.** Denn Premium-Mode, ausgewählte Accessoires und Wohndeko werden hier gleich auf drei Ebenen präsentiert (Wilhelmsstr. 4a, Eingang: Neue Fahrt). Ein weiterer Stopp in der Nachbarschaft – allerdings nur für Ladys – bietet sich bei **Stella** an. Hier gibt es hochwertige Damenmode von internationalen Marken (Wilhelmsstr. 21).

Rund um den Königsplatz

FOTO: ANDREAS DAHLMEYER

Aufbau West

Schwungvolle Linien, klare Flächen: In der Architektur der Nachkriegszeit sind zahlreiche Gebäude entstanden, die bis heute beeindrucken

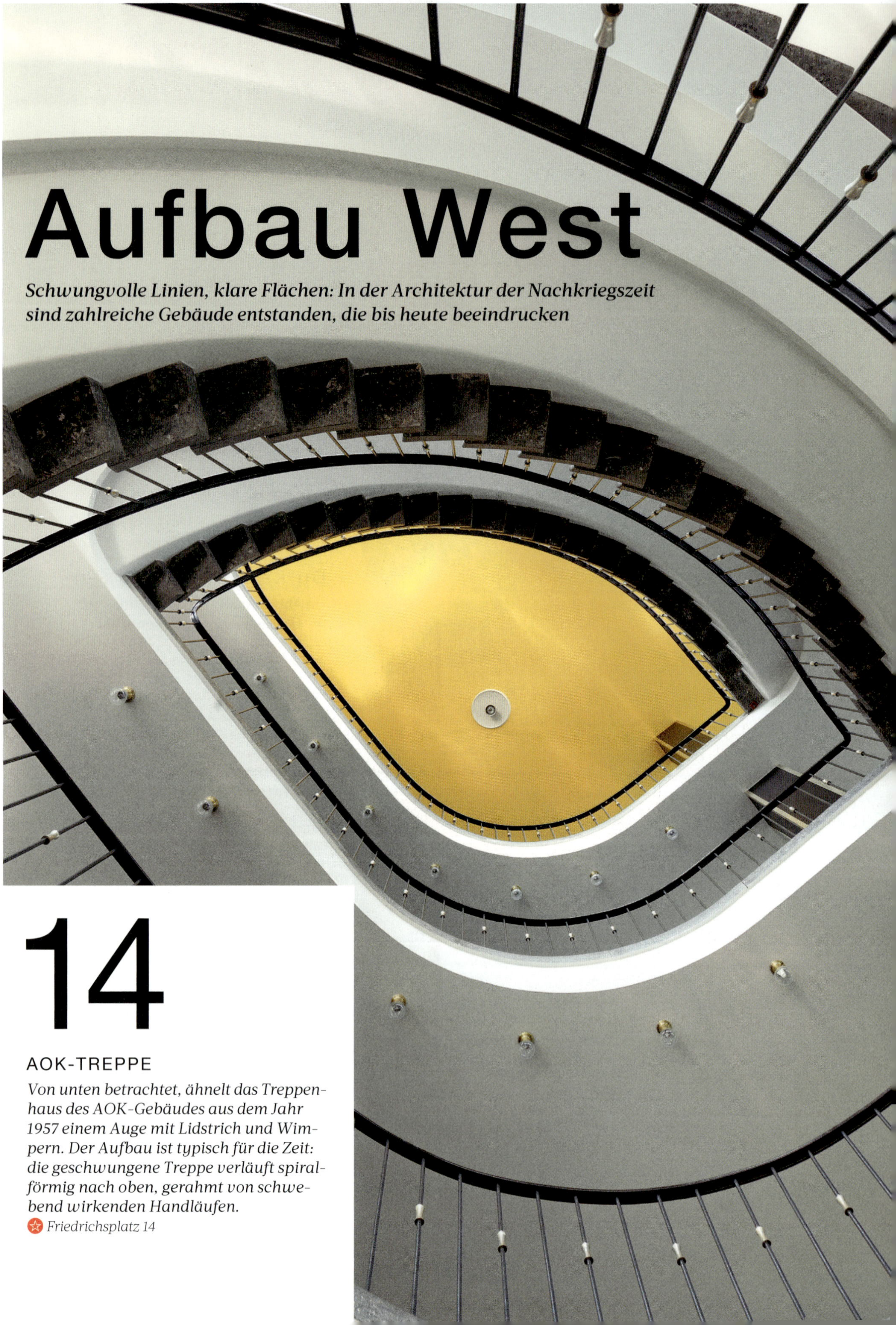

14

AOK-TREPPE

Von unten betrachtet, ähnelt das Treppenhaus des AOK-Gebäudes aus dem Jahr 1957 einem Auge mit Lidstrich und Wimpern. Der Aufbau ist typisch für die Zeit: die geschwungene Treppe verläuft spiralförmig nach oben, gerahmt von schwebend wirkenden Handläufen.

Friedrichsplatz 14

15 GLORIA-KINO

Ein ruhiger Raum mit extravagantem Leuchter: der Saal des 1954 eröffneten Lichtspielhauses »Gloria«.
Friedrich-Ebert-Str. 3, gloriakino.de

16 TREPPENSTRASSE

1953 entstand hier eine der ersten Fußgängerzonen Deutschlands, gesäumt von Ladenzeilen, Blumenbeeten und Stahlbetonbauten.
Treppenstraße

17 SCHEIDEMANNPLATZ

Der Platz vor der Handwerkskammer wurde zu Beginn der Fünfziger angelegt, bei der Erneuerung 2005 hat man Grasinseln hinzugefügt und die Bäume erhalten.
Scheidemannplatz

18 HOTEL REISS

Paul Bode, Bruder des Documenta-Gründers Arnold, prägte die Architektur der Nachkriegszeit und schuf 1952 das »Hotel Reiss«.
Werner-Hilpert-Str. 24, hotelreiss.de

FOTOS: TIM LANGLOTZ (2), ANDREAS DAHLMEIER (2), GULLIVER THEIS

LOLITA BAR

Biergarten, Tanzfläche, schummrige Bar – alles mit Liebe gemacht

19

Begriffe wie Szenebar oder Kultkneipe mag Dirk Wachholder, genannt Bob, eigentlich nicht. Aber tatsächlich ist seine **Lolita Bar** für Studierende und Stammgäste genau das: Man trifft sich auf einen Feierabenddrink im Biergarten, tanzt drinnen im »Ballsaal« oder kickert eine Runde im Zwischengeschoss. Herzstück des Clubs ist aber der Barraum, der dem Namen »Lolita Bar« mit goldenen Wänden, rotem Teppich und Herz über dem Tresen alle Ehre macht. »In den sechziger Jahren gab es hier ein Rotlicht-Etablissement namens Lolita«, sagt Bob. »Also haben wir den Raum so eingerichtet, wie wir uns einen Puff vorstellten.« Heraus kam: eine liebenswürdige Bar mit Herz

Werner-Hilpert-Str. 22
lolitabar.de

SHARING IS CARING

20 FALAFEL GRILL POINT

Duftende Fleischspieße vom Holzkohlengrill, knusprige Falafeln, gegrilltes Gemüse mit warmem Fladenbrot und frische, mit Kräutern verfeinerte Salate: Wer sich beim »Falafel Grill Point« zwischen den libanesischen Spezialitäten nicht entscheiden kann, kommt am besten mit Freunden wieder: Die großen gemischten Platten sind super zum Probieren und Teilen.

Werner-Hilpert-Str. 20

FOTOS: GEORG KNOLL, GULLIVER THEIS

STECKENPFERD

Eine junge Braumanufaktur in den Räumen einer früheren Metzgerei

21

Dass Krisen die Kreativität beflügeln, kann man schmecken. Denn nach einer Woche rumsitzen im Corona-Lockdown 2020 beschlossen Erik Schäfer und Johannes Alt kurzerhand, ein neues Produkt herauszubringen: »Krisen-Konter-Pils« heißt das Resultat, eine feinherbe Biersorte mit dezenter Malznote, mit dem die Gäste der Braumanufaktur **Steckenpferd** seither anstoßen können. Genauso wie mit dem Pale Ale »Läuft«, dem geschöpften Lager »Volle Pulle«, einem Gläschen vom Bierlikör »Steckenpferd« oder der jüngsten Kreation des Duos, einer erfrischenden »Radler:in«. Zur eigenen Brauerei sind Erik Schäfer, 34, und Johannes Alt, 36, schon als Studenten gekommen. Ein Hobby, das immer größer wurde, auch »weil es in Kassel einfach keine Brauerei mehr gab«, wie Schäfer sagt. Ihr Craft Beer gibt es heute auch in ausgesuchten Supermärkten, Bars und Restaurants rund um Kassel, aber vor allem im »Taproom«, der hauseigenen Bar. Die liegt am Pferdemarkt in einer ehemaligen Metzgerei: Die cremeweißen Kacheln an den Wänden sind geblieben, aber statt Knochensägen und Fleischerhaken erwarten ein Tresen mit Zapfhähnen, rustikale Holzmöbel und ein gemütliches Sofa die Gäste. Und weil den beiden Inhabern auch die Stadtentwicklung am Herzen liegt, finden dort häufig Workshops, kleine Konzerte oder Vorträge statt. Besonders nett ist es aber, bei gutem Wetter auf der Holzbank vor dem großen Fenster Platz zu nehmen und gemeinsam anzustoßen.

Kastenalsgasse 8
braumanufaktur-steckenpferd.de

RENTHOF

Hotel, Restaurant und Bar mit Geschichte und Geschichten

22

Wenn Gebäude sprechen könnten, der **Renthof** hätte sicher eine Menge zu erzählen. Von der Zeit seiner Entstehung im 13. Jahrhundert als Karmeliterkloster. Von klugen Köpfen, die in seinen Mauern umhergingen, als er zur Hofschule und Universität umfunktioniert wurde. Vielleicht auch von seiner Nutzung als Gerichtsgebäude oder späterem Pflegeheim. Seit 2017 beherbergt das historische Gebäude ein Boutiquehotel mit Restaurant und Bar – das für sich spricht. »Bei der Renovierung des Gebäudes wurde darauf geachtet, viele Elemente seiner Vorgänger aufzunehmen«, erklärt Jasmin Ohlendorf vom »Renthof«-Team. Hölzerne Balken und Backsteinwände aus der Entstehungszeit schmücken zusammen mit floralen Tapeten und Holzdielen die 55 Zimmer und Suiten. Vom Pflegeheim wurden barrierefreie Zugänge und Aufzüge übernommen. Und im ehemaligen Speisesaal im Erdgeschoss, wo seit eh und je gegessen wurde, befindet sich auch heute ein gemütliches Restaurant. Die Speisen variieren saisonal und kommen aus der Region, von der Rehkeule aus dem Reinhardswald bis zum geräucherten Tofu für die veganen Gerichte; den Digestif gibt's dann in der hauseigenen »Pudelbar«. Wichtig ist im »Renthof« die konsequente Nachhaltigkeit, sie zeigt sich durchgängig im ganzen Haus – beim Gebrauch von Ökostrom, bei der Bettwäsche aus fair gehandelter Baumwolle, dem weitestmöglichen Verzicht auf Einwegverpackungen und der Zusammenarbeit mit Handwerkern und Lieferanten aus der Region.

Renthof 3, renthof-kassel.de

FOTOS: JENS DISTELBERG, TIM LANGLOTZ

MARKTHALLE

Seid ihr noch ganz frisch?! Hier gibt's nur eine Antwort: Na klar, immer!

23

Die **Markthalle** ist ein Ort, an dem sich alle wohlfühlen: Anwohner erledigen routiniert ihren Wocheneinkauf, neue Nachbarn ziehen gemächlich von Marktstand zu Marktstand, um das reiche Angebot an frischem Gemüse, Feinkostspezialitäten, Wurst, Wein und Käse zu studieren. Und Stadtbesucher bestaunen das ehemalige Marstall-Gebäude zwischen Königsplatz und Fulda, das um 1590 errichtet wurde und in dem lange Zeit die Pferde und Kutschen des Landgrafen untergebracht waren, außerdem eine Bibliothek, eine Kunstsammlung und eine Schneiderei. Im Zweiten Weltkrieg brannte das Gebäude aus, ab 1962 wurden die Ruinen abgerissen und zu einem großen Teil aus den dabei anfallenden Steinen neu wiederaufgebaut. Seit einem Umbau im Jahr 1994 und einer Erneuerung von Dach und Fenstern im Jahr 2008 hat das Haus mit den kunstvoll verzierten Giebeln seine jetzige Form. Die Nutzung ist heute ungefähr so vielfältig wie zu seiner Entstehung. Neben dem Stadtarchiv und einem Medienzentrum findet sich in der Markthalle auf zwei Geschossen ein Wochenmarkt. An den rund 70 verschiedenen Ständen und Cafés lockt eine große Vielfalt aus Fleisch und Käse, Blumen und Kuchen, Eiern und Nudeln – viele Besucher kommen auch einfach nur zum Essen hierher und genießen Leckereien aus der deutschen, dänischen, italienischen und chinesischen Küche. Aber das Schönste ist vielleicht, wie an jedem Markt: das Schlendern der Anderen.

Wildemannsgasse 1, Do und Fr 7–18, Sa 7–14 Uhr
markthalle-kassel.de

HUMBOLDT 1A

Gehobene Küche und eleganter Jugendstil in Kassels grüner Mitte

24

»Humboldt 1a« lautet die Adresse der hübschen Jugendstilvilla auf dem Weinberg, und das, fanden Johannes Wicke und sein Mitstreiter, passe als Name auch super zu ihrem 2013 eröffneten Restaurant. Humboldt stehe für Weltoffenheit und Neugier, und so begrüßt ein Porträt des Universalwissenschaftlers im Foyer die Gäste, bevor sie sich auf Kirschholz-Stühlen an weiß gedeckten Tischen niederlassen. Dort genießen sie Köstlichkeiten wie das mit Serrano-Schinken gefüllte Cordon bleu vom Kalb mit Kartoffelpüree und Gemüse oder Gnudi, eine Art Ricotta-Gnocchi an geschmolzenen Tomaten. Auch eins a: die Terrasse des Restaurants – sie grenzt direkt an den Fürstengarten.

Humboldtstr. 1a
humboldt1a.de

DER MACHT FROH, MANN

25 LOHMANN

Zwar gab es in der Geschichte von Kassels »ältester Kneipe mit Biergarten« auch mal Phasen, in denen die 1888 gegründete Gaststätte geschlossen war – aber das stört die Gäste nicht. Ihnen geht es schließlich um die leckere regionale und internationale Küche, das gemütliche Interieur und den großen Biergarten.

Königstor 8
lohmann-kassel.de

Ein riesiges Erlebnis

In der Innenstadt präsentieren sich Geschichte und Kunst in drei großartigen Ausstellungshäusern

Jedes Kind braucht jemanden, zu dem es aufschauen kann: In diesem Fall ist es ein Mammut im Naturkundemuseum

26

Rüssels Heim

An Sensationen mangelt es im **Naturkundemuseum** sicherlich nicht. Wollmammuts streifen durchs Dickicht, Dinosaurier bäumen sich auf, und ein Höhlenbär präsentiert sein mächtiges Gebiss. Andere Schätze offenbaren sich erst beim näheren Hinsehen, etwa die zierlichen gepressten Pflanzen in einem der ältesten Herbarien Europas aus dem 16. Jahrhundert. Star der Sammlung ist jedoch für viele der »Goethe-Elefant«. Der Dichterfürst persönlich nutzte im 18. Jahrhundert den Schädel für seine Forschungsarbeiten, um die nahe Verwandtschaft von Mensch und Tier zu beweisen. Nicht minder interessant ist die Geschichte des Gebäudes, in dem das Museum untergebracht ist. Das Ottoneum wurde 1606 als erster feststehender Theaterbau Deutschlands errichtet. Und mit runden Sprossenfenstern, Säulen und verspieltem Giebel ist es natürlich auch selber ein Hingucker.

Steinweg 2
naturkundemuseum.kassel.de

STADT, LAND, KUNST

27 NEUE GALERIE

Gemälde, Skulpturen und neue Medien von 1800 bis zur Gegenwart – inklusive Kunst von früheren Ausgaben der Documenta.

Schöne Aussicht 1
museum-kassel.de

28 STADTMUSEUM

Neu gestaltetes Ausstellungshaus zur historischen Entwicklung der ehemaligen Residenzstadt.

Ständeplatz 16
stadtmuseum-ks.de

FOTO: DOROTHEA SCHMID

VIETOR

Die Traditionsbuchhandlung mit echter Leidenschaft für das Kulturgut Buch

29

Der Mann auf der Leiter ist in dieser traditionsreichen Buchhandlung nicht nur für den Überblick, sondern auch für den Ausblick und die Strategie des Unternehmens zuständig: Lothar Röse, der vor acht Jahren die Hofbuchhandlung Vietor in bester Lage am Ständeplatz Ecke Wilhelmsstraße übernommen hat, ist vernetzt und verwurzelt in Kassel, und dank seines Engagements und Ideenreichtums prägt er das kulturelle Leben der Stadt wesentlich mit. Sei es mit **Lesungen und Events** im Ladengeschäft bei Wein und Fingerfood oder auch an interessanten anderen Orten wie dem Schwimmbad Wilhelmshöhe oder der Markthalle, wo er literarische Erlebnisse inszeniert. Im Staatstheater unterhält er einen Büchertisch, und während der 100 Tage dauernden Documenta ist die Hofbuchhandlung Vietor ebenfalls exponiert am Start: Sie wird im »ruruHaus«, dem Hauptquartier der weltweit bedeutendsten zeitgenössischen Kunstausstellung (siehe Seite 10), eine Verkaufsfläche haben und auch dort den offiziellen Katalog und alle MERIAN- und MERIAN scout-Ausgaben über Kassel in deutscher und englischer Sprache verkaufen. Denn bei aller Liebe zur Weltliteratur, die sich darin ausdrückt, dass man bei ihm ein auf den individuellen Geschmack zugeschnittenes Bücher-Abo abschließen kann, ist es Lothar Röse wichtig, auch möglichst viele Werke über Kassel darzustellen. »Ich sage Fremden inzwischen stolz, dass es sich in unserer Stadt und der Region prima leben lässt«, sagt er.

Ständeplatz 17
hofbuchhandlung-vietor.buchkatalog.de

FOTOS: GEORG KNOLL

SALOTTO 1828

Selbst gerösteten Kaffee in entspannter Wohnzimmer-Atmosphäre genießen

30

Es kann passieren, dass man bei einem Spaziergang über den Opernplatz unvermittelt in einen Mann reinläuft, der glockenschwingend in sein Wohnzimmer einlädt. Dann steht man vor Dennis Küpke, Inhaber des Coffeestores **Salotto 1828.** Markenzeichen des vor gut zwei Jahren eröffneten Cafés sind natürlich die leckeren, selbst gerösteten Kaffeespezialitäten, die zusammen mit herzhaften Bauernbroten oder süßen Verführungen wie Himbeer-Carrot-Cake serviert werden. Und am Wochenende trifft man sich im »Salotto« (italienisch für Wohnzimmer), um sich auf gemütlichen Ledersesseln oder an der langen Tafel im Obergeschoss niederzulassen und ausgiebig zu frühstücken.

Opernstr. 2
salotto1828.de

HEY, SUGAR!

31

CHRISTIAN BACH

Die Chocolaterie und Patisserie lockt mit süßen Köstlichkeiten, Frühstück und feinen Suppen.

Theaterstr. 1
patisserie-bach.de

32

CAFÉ NENNINGER

Der freundliche Familienbetrieb ist vor allem für seine Torten bekannt.

Friedrichsplatz 8
cafe-nenninger.de

SEPULKRALMUSEUM

Sarg beim Abschied leise Servus

33

Nicht jedem mag der Begriff »Sepulkralkultur« auf Anhieb etwas sagen. Aber angesichts von Sensenmann-Skulpturen, Särgen und Grabsteinen wird schnell klar: Hier geht es um den Tod. Oder, wie Dirk Pörschmann es ausdrückt, »um die Endlichkeit des Lebens in all ihren Facetten«. Dennoch, so der Direktor des **Museums für Sepulkralkultur,** sei die Ausstellung über Todesursachen, Sterbeprozess und Beisetzungsrituale dem Leben zugewandt. Es gibt für Komik, etwa in Form von Karikaturen, ebenso Raum wie für Trauer oder philosophische Gedanken. Dabei setzt dieses besondere Museum auf eine Mischung von historischen Exponaten und modernen Medien.

Weinbergstr. 25-27
sepulkralmuseum.de

UM DIE ECKE

34

HESSISCHES LANDESMUSEUM

Die Neorenaissance-Fassade geht auf das frühe 20. Jahrhundert zurück, die Exponate im Landesmuseum sind noch viel älter: Über 300 000 Jahre hessische Landes- und Kulturgeschichte werden auf drei Ebenen erzählt – von ersten Siedlern bis in die Gegenwart. Nicht verpassen: eine Turmbesteigung mit Blick auf Kassel.

Brüder-Grimm-Platz 5
museum-kassel.de

FOTO: GULLIVER THEIS

DOCUMENTA FIFTEEN
DIE WELT ZU GAST IN KASSEL
Wintershall Dea wünscht allen Gästen, Künstler:innen und dem documenta-Team spannende 100 Tage voller Perspektivenwechsel, in denen uns der Blick auf die Kunst in den Dialog bringt und dazu beiträgt, unsere Zukunft gemeinsam neu zu gestalten.
www.wintershalldea.com
wintershall dea

AESTHETISCHE WERKE

Fundgrube für Vintage-Schatzsucher und Design-Liebhaber

Es kann passieren, dass man viel mehr Zeit in den **Aesthetischen Werken** verbringt als geplant. Denn in dem Design- und Vintage-Concept-Store gibt es viel zu entdecken: Gefäße aus alten Laboren, dänische Teakmöbel und bunte Leuchtreklamen, Stühle von Marcel Breuer und Leuchten des italienischen Designstudios iGuzzini. Außerdem kann man in der ehemaligen Maschinenhalle den Inhabern Jule Hebeler und Fernando Vargas beim Restaurieren besonderer Stücke über die Schulter schauen, oder man stolpert unverhofft in ein Event. Egal, ob zur Schatzsuche oder beim Besuch der Konzerte, Ausstellungen, Lesungen und Gastro-Events: ruhig etwas mehr Zeit mitbringen.

Königstor 12
ae-werke.de

WEITERSHOPPEN

36 GLÜCKSGRIFF

Hübscher Store mit aparten Unnötigkeiten wie Spielzeug, Schmuck oder Wohndeko.

Treppenstr. 10
gluecksgriff-kassel.de

37 UNOUNO

Gleich doppelt gut: Der Laden verkauft Vintage-Möbel und Secondhand-Kleider.

Weserstr. 11b

FOTO: FERNANDO VARGAS

DREI/ BAR

Das Auge trinkt mit: Raffinierte Cocktails in sachlich-moderner Umgebung

38

Aller Genüsse sind drei – das findet natürlich Christian Stracke, Besitzer der **drei/ bar.** Ausschlaggebend für den Namen waren die Hausnummer seiner Schankstätte und der Wunsch, hier mehrere Dinge zu vereinen: So ist das Lokal eine Bar mit hochwertigem Cocktailangebot, Galerie für wechselnde Kunstausstellungen und Store für künstlerische und kulinarische Produkte. Passend zur Lieblingszahl werden jeden Monat drei besondere Drinks angeboten, die ihrerseits wie kleine Kunstwerke wirken, etwa »Feilchen Martini«, mit einer blauen Blüte dekoriert, »Lillet Noël« mit Birnenscheibchen oder »Don Paradisi« mit Rum und zartrosa Grapefruit-Limo. Darauf ein dreifaches Prost!

Theaterstr. 3
drei-bar.de

GELEBTE FILMGESCHICHTE

39

FILM-SHOP

Dass die 1975 eröffnete, älteste Videothek der Welt in Zeiten von Netflix & Co zumacht, kam für Christoph Langguth und Ralf Stadler nicht infrage. Deshalb betreiben sie seit 2017 den Kasseler Film-Shop, der weit mehr ist als ein Videoverleih. Nämlich: Kino, Kunstgalerie, Kultur-Veranstaltungsort und Cineasten-Treff.

Erzbergerstr. 12
film-shop.org

Je besser der Schlaf, desto schöner der Tag: Wir haben die besten Hotels in Kassel für Sie zusammengestellt – von modernem Design über historisch-feudalen Chic bis zum ruhigen Landhotel

KOMFORT GEHT VOR

HOTEL GUDE

Niemals würden wir Ihnen aus Albernheit ein Kinderlied wie »Guden Abend, gude Nacht« zumuten: Reden wir lieber über die behutsame Konsequenz, mit der das »Hotel Gude« die Farbthemen seiner modernen Zimmer ausgewählt hat, gestaltet zwischen Erdtönen und cremig-fröhlicher Farbigkeit in modernem Design. Sauna und Fitnessraum sind gratis.

DZ ab ca. 100 Euro, Frankfurter Str. 299, hotel-gude.de **40**

HOTEL PALMENBAD

Das Boutiquehotel »Palmenbad« trägt hübsche Insignien des etablierten Hipstertums: Weiß als dominante Gestaltungsfarbe, Stühle mit Schalensitz und trapezförmig ausgestellten Beinen, an den Wänden gerahmte Vorschläge zur Psychohygiene wie »Be kind today« – ein sympathisches Haus für junge Reisende.

DZ ab ca. 110 Euro, Kurhausstr. 25 palmenbad.de **41**

KURFÜRST WILHELM I.

Sie können über das Kaiserreich sagen, was Sie wollen, aber die Architektur war mitunter schon toll: Nehmen wir nur dieses Hotel, um 1900 erbaut, hohe Decken und eine hübsche Fassade – im Innern lockt eine mehrheitsfähige Koalition aus Business-Tauglichkeit, gediegener Wohligkeit und aktuellem Minimalismus. Praktisch: liegt direkt am Bahnhof Wilhelmshöhe.

DZ ab ca. 110 Euro, Wilhelmshöher Allee 257, bestwestern.de **42**

43 Geht doch!

JETZT WIRD'S PRIVAT

Kurzfristig gesucht und nichts gefunden? Hier gibt's meistens doch noch was: Die Kasseler Touristeninformation zeigt auf ihrer Website eine große Auswahl an Privatzimmern, Ferienwohnungen, Gästezimmern und Hotels.

kassel-marketing.de

ENDLICH LÄNDLICH

DESIGNHOTEL STEINERNES SCHWEINCHEN

Da macht man sich viel Mühe mit dem Design der Zimmer, und die Gäste – gucken aus dem Fenster: Das hat ein Hotel davon, wenn es einen tollen Blick über Kassel hat. Nur einen Schweinwurf entfernt vom Naturschutzgebiet Dönche.

DZ ab ca. 100 Euro
Konrad-Adenauer-Str. 117
steinernes-schweinchen.de **44**

HOTEL GRISCHÄFER

Man möchte häufiger mal auf Holz klopfen in diesen Zeiten, das Landhotel »Grischäfer« bietet dazu viel Gelegenheit: In vielen der Zimmer sind die Holzbalken des mittelalterlichen Gebäudes offen zu sehen, ansonsten versteht man sich auf moderne Gemütlichkeit, ganz besonders aber auf exzellente Küche. Zeitgemäß – und verführerisch – wirkt die umfangreiche Karte.

DZ ab ca. 80 Euro
Bad Emstal, Kasseler Str. 78
grischaefer.de **45**

ILLUSTRATION: LENA GLAUCHE

Das Kurbad Jungborn war eines von rund zehn Flussbädern, die im 19. Jahrhundert entlang der Fulda entstanden

46

46-72 Süden

KURBAD JUNGBORN · GRIMMWELT · ORANGERIE
MIT TOBIAS RASCH UND SVENJA SCHMIDT DURCH DIE
BESTEN GALERIEN · KARLSAUE · BUGA-GELÄNDE
DÖNCHE · ENTLANG DER FULDA

Bedeutende Galerien, das gesammelte Wissen der Brüder Grimm, die prächtige Orangerie – und dazwischen glitzert die Fulda: Das südliche Zentrum von Kassel hat einen eigenständigen Charakter

---

Ein Platsch an der Sonne

Seit der Zeit um 1870 gab es an der Fulda das Kurbad Jungborn, bis 1997 wurde hier noch ein medizinischer Badebetrieb aufrechterhalten. Ein von Anwohnern gegründeter Verein setzte sich für den Erhalt der vom Verfall bedrohten Anlage ein, seit 2011 ist das denkmalgeschützte **Kurbad Jungborn** saniert. Heute beherbergt das einstige Bad ein Museum, es ermöglicht mit Ausstellungen und historischen Exponaten wie dem Nachbau eines Badezimmers von 1930 faszinierende Einblicke in die hygienischen Zustände vergangener Zeiten. In dem Gebäude liegt auch ein »Kollektivcafé« mit Terrasse, gearbeitet wird selbstbestimmt und so hierarchiearm wie möglich. Manchmal finden dort auch Kulturveranstaltungen statt – hach, wenn man diesen schönen Ort nach dem Besuch einfach mit nach Hause nehmen könnte! Können Sie: Im Café gibt es das Kurbad als Bastelbogen für daheim.

Sternstr. 20
kurbad-jungborn.de, kollektivcafe-kurbad.org

FOTO: GULLIVER THEIS

Grimmwelt

Gesammelte Wörter, alterslose Märchen, zeitgenössische Kunst: Die Grimmwelt huldigt Sprachvermögen und Vorstellungskraft

Wechselnde Ausstellungen rund um Kunst und Literatur ergänzen die Sammlung der Grimmwelt

47

Brüder im Geiste

Da haben sich Jacob und Wilhelm Grimm wohl verzettelt, das macht dieses Ausstellungshaus über die beiden Märchen-Brüder gleich am Anfang klar: Mehr als 1100 Zettel hängen da dicht an dicht, Faksimile ihrer Notizen für ihre Arbeit am Deutschen Wörterbuch. Das sollte, so der Plan, sechs oder sieben Bände umfassen, die Arbeit nicht länger als zehn Jahre dauern. Am Ende aber waren es mehr als 120 Jahre. 1961 erschien, etwa 100 Jahre nach dem Tod der Brüder Grimm, der 32. und letzte Band. Insgesamt wiegt das Wörterbuch, kurz auch »der Grimm«, mehr als 80 Kilo. Hier in der **Grimmwelt** nimmt die Jahrhundertaufgabe einen riesigen Komplex von A bis Z ein; ein weiterer ist – natürlich – den bekannten Märchen gewidmet, die sie so akribisch gesammelt haben wie die Wörter der deutschen Sprache. 2015 eröffnete dieses Haus in Kassel, wo Jacob und Wilhelm Grimm den Großteil ihres Lebens verbrachten. Noch im selben Jahr wurde es von der britischen Tageszeitung »The Guardian« zu einem der zehn besten neuen Museen der Welt gezählt.

Weinbergstr. 21, grimmwelt.de

KÜHLEN KOPF BEWAHREN

48 **GRIMMS GARTEN**

Vom Weinberg über die Dächer der Südstadt schauen, dabei im Liegestuhl sitzen und einen Drink genießen: Hier geht das!

Weinbergstr. 21
grimmsgarten.net

FOTO: GULLIVER THEIS

Der Architekt Johann Konrad Giesler entwarf die Orangerie nach dem Vorbild französischer Schlösser

Orangerie

Im Sommer wohnten hier die Landgrafen von Hessen-Kassel, im Winter residierten hier empfindliche Bäume: Die Orangerie ist repräsentativer Überfluss in seiner schönsten Form

49

Das Baum-Haus

Die 140 Meter lange **Orangerie** am nördlichen Rand der Karlsaue ist der wohl eleganteste Barockbau in Kassel, im Abendlicht leuchtet ihre gelbe Fassade besonders schön. Sie wurde zwischen 1701 und 1710 erbaut und diente mit ihren beiden großen Eckpavillons Landgraf Carl als Sommerresidenz – ihren Namen hat die Orangerie von den vielen Orangen- und Lorbeerbäumen, die in diesen eleganten Räumen einst überwintern durften. Im Zweiten Weltkrieg brannte das Gebäude aus, 1959 diente seine Ruine als Kulisse für die zweite Documenta. Heute beherbergt die behutsam renovierte Anlage das Astronomisch-Physische Kabinett mit seiner bedeutsamen Sammlung historischer wissenschaftlicher Instrumente. Aktuell ist die Sammlung noch geschlossen, aber vielleicht tröstet Sie ja ein leckeres Stück Kuchen vom »Restaurant Grischäfer« darüber hinweg.

Auedamm 20b, museum-kassel.de

NACKTE TATSACHEN

50 MARMORBAD

Zwischen prachtvollen Skulpturen und Wandreliefs feierte Jérôme Bonaparte, der Bruder Napoleons, hier einst seine Feste.

An der Karlsaue 20d kassel.de

51 PLANETARIUM

Im Apollo-Saal der Orangerie bietet das Planetarium faszinierende und lehrreiche Gedankenreisen ins All.

An der Karlsaue 20c museum-kassel.de

FOTO: ANDREAS DAHLMEIER

Durch die GALERIEN mit *Tobias Rasch und Svenja Schmidt*

Tobias Rasch und Svenja Schmidt vom Verein Südgalerien kennen die Szene so gut wie wenige andere: Gemeinsam haben sie uns die wichtigsten Orte für Kunst in der Stadt gezeigt – und ein paar richtig nette Bars

52

WEINBERGKRUG

Wenn die Galerien schließen, versammelt sich die ganze Künstlerschar – auch wir – gerne im »Krug« und zelebriert den Tagesabschluss. Der Laden ist frisch umgebaut und mit viel Holz dekoriert, hier kann man unter vielen Postern und Plakaten an der Wand wunderbar urig und gemütlich zusammensitzen. Man kommt wirklich immer ins Gespräch, kann Spaß haben und spannende Menschen kennenlernen! Auch viele Kunststudierende wohnen in der Südstadt und trinken da gern ihr Feierabendbier. Und natürlich gibt es auch im »Weinbergkrug« gelegentliche Kunst-Interaktionen.

Frankfurter Str. 54, weinbergkrug.de

53

WEINBERGTERRASSEN

Unser nahes Naturparadies bindet die Südstadt an die obere City an und dient gerade im Sommer zur städtischen Erholung – und ist mit dem Fest »Lichte Wege« und dem Galeriefest auch in die Kunstszene eingebunden. Ein wunderbarer Anlaufpunkt ist die Lounge oben auf den Terrassen.

Am Weinberg, kassel.de

UNSER PERFEKTER TAG

Chakren lüften, junge Kunst bestaunen und zum Tagesabschluss noch ein Konzert oder einen Drink

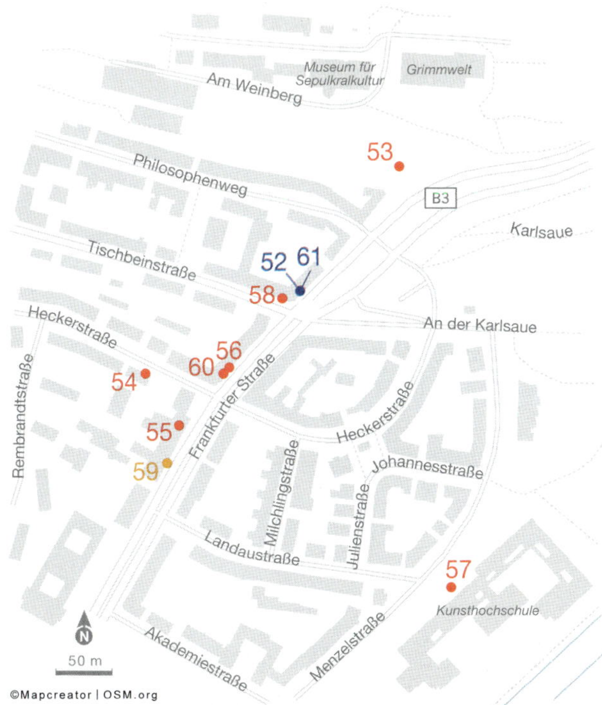

©Mapcreator | OSM.org

54 MORGENS

Das Studio von ***Südstadt Yoga*** *liegt in einem schön begrünten Hinterhof, man ist solidarisch und fair: Die Preise richten sich nach dem jeweiligen Einkommen. Manche der Kurse sind auch für Gäste offen.*

Heckerstr. 30c
suedstadtyoga.com

55 MITTAGS

Tipp: Unsere Räume in der ***Galerie Rasch*** *sind auch ein Knotenpunkt der sich neu vernetzenden Südstadt-Kunstszene im Verein Südgalerien, der bei uns beheimatet ist. Auf unserem kleinen Kiez wollen wir gemeinsam durch Interaktion wachsen und uns durch Verschiedenheit ergänzen – schaut einfach rein!*

Frankfurter Str. 72
galerie-rasch.de
galerien-kassel.de

56 NACHTS

Das ***Tokonoma*** *ist ein Projekt, das in Verbindung mit der Kunsthochschule wirkt – hier gibt es spannende Ausstellungen, Lesungen, Konzerte und sogar eine Bar. »Tokonoma« kommt aus dem Japanischen und bedeutet, dass man Schätze im Wohnzimmer ausstellt und Gäste sie bestaunen.*

Frankfurter Str. 60
supertokonoma.de

57

KUNSTHOCHSCHULE

Seit 2022 gibt es an der Kunsthochschule ein neues Ausstellungsgebäude, auch in den Klassen finden öfters Ausstellungen statt, die öffentlich zugänglich sind. Wir haben mit der Kunsthochschule eine sehr gute Zusammenarbeit, das Grafikdesign fürs Galeriefest wird oft von Studierenden gestaltet.

Menzelstr. 13-15
kunsthochschulekassel.de

58
WARTE FÜR KUNST

Die Warte ist ein gemeinnütziger Verein und in ihrem Selbstverständnis ein »Experimentierfeld« – alles dreht sich um aktuelle zeitgenössische Kunst und ihre Strömungen. Für junge Kunstschaffende ist sie ein wunderbarer Ort, um ihre ersten Werke zu zeigen.

Tischbeinstr. 2, warte-kunst.de

59

Nachbar

Früher war hier das »Café Kunst«, auch das »Nachbar« steht der Kunst sehr nahe und stellt öfter mal Arbeiten aus. Die Einrichtung ist ein dezenter, gelungener Mix aus modern und Vintage, auch wegen der herzlichen Betreiberinnen fühlt man sich sofort wohl, hier will und kann man sein. Es gibt die besten Burger Kassels, natürlich auch in vegetarischen oder veganen Variationen.

Frankfurter Str. 76
instagram.com/nachbar.kassel

60

Kunstbalkon

Hier wird seit Ende der achtziger Jahre gute Kunst geboten. Derzeit arbeiten elf Künstler:innen aktiv mit, alle ein bis zwei Monate gibt es eine neue Ausstellung. Ein Schwerpunkt sind die Arbeiten regionaler Kunstschaffender, es gibt aber auch Kooperationen mit Galerien und Künstler:innen aus aller Welt, etwa aus Japan, Tschechien oder Brasilien.

Frankfurter Str. 62
kunstbalkon.de

61 ZU DOPE!

Der neue Hangout für Nachtschwärmer – wie schön, dass es jetzt auch für ein junges Publikum einen Club in der Südstadt gibt, das peppt das Viertel auf. Hinter den leicht abgedunkelten Scheiben hin zur Frankfurter Straße lässt es sich intim feiern, Bar und Tanzfläche locken ebenfalls, es gibt auch spezielle Themenabende. Der Name »Zu Dope!« lässt sich aus der Szenesprache übrigens in etwa als »zu geil« übersetzen.

Frankfurter Str. 54, zudope.com

FOTOS: GEORG KNOLL (6), ANDREAS DAHLMEIER, LUCAS MELZER, KARTENILLUSTRATION: JOCHEN SCHÄFERS

KARLSAUE

Der diskrete Charme der Symmetrie: Eine Achsenführung aus dem Barock bestimmt das Bild der Karlsaue noch heute

Falls Sie noch ein Ziel im Leben brauchen: Das längliche Gebäude da ganz hinten ist die Orangerie (Tipp 49)

62

Kanäle? Grande!

Gastgeberin der Bundesgartenschau in den Jahren 1955 und 1981, beliebter Ausstellungsort der Documenta, Aufführungsbühne für Freiluftveranstaltungen und so vieles mehr: Die **Karlsaue,** meistens einfach nur »Aue« genannt, ist das grüne Herz der Stadt und eine ständige Open-Air-Arena. Als einer von nur drei Staatsparks in Hessen blickt die Grünanlage, die sich über 150 Hektar erstreckt, auf eine mehr als 400-jährige Geschichte zurück. Von 1570 bis 1680 wurde dort ein erster großer Renaissance-Garten angelegt, es war der erste botanische Garten der Stadt. Um 1700 bekam die Anlage eine streng geometrische und symmetrische Form mit Wasserbecken und fächerähnlich verlaufenden Kanälen im damaligen Stil des Barocks, die Sicht- und Bedeutungsachsen aus dieser Zeit prägen das Areal bis heute. Ihre heutige Form als Landschaftsgarten im englischen Stil bekam die Karlsaue Ende des 18. Jahrhunderts – die weite Fläche eignet sich wunderbar für lange Spaziergänge und ausgiebiges Joggen. Ein Highlight ist am südlichen Ende der Aue die Blumeninsel Siebenbergen: Sie verwandelt sich im Frühling mit ihren Zehntausenden von Frühblühern in ein Farbenmeer, in dem Narzissen, Tulpen und Hyazinthen, aber auch Lerchensporn und Märzenbecher um die Wette leuchten.

Auedamm 18, museum-kassel.de

FOTO: AARON MOSER

BUGA-GELÄNDE

Na, Erholung? Die Bundesgartenschau 1981 hat Kassel eine grüne Oase geschenkt

63

Was einst als verlassenes Terrain galt, verwandelte sich 1981 in einen modernen Naherholungspark: Das Gelände der Bundesgartenschau, vulgo **Buga-Gelände,** ist zu Fuß von der Innenstadt aus in ein paar Minuten zu erreichen. Im Zentrum liegt der Buga-See, ein künstlich angelegter Baggersee mit mehreren Stränden – wunderbar geeignet zum Schwimmen, Segeln und Surfen. Die Wiesen rund um den See werden im Sommer für die Pause oder das Picknick zwischendurch genutzt, und sogar im Winter ist das Buga-Gelände beliebt: Wenn die Menschen die Strände verlassen und höchstens mal einen Drachen steigen lassen oder eine Joggingrunde drehen, kehren die Wasservögel zurück.

Zwischen den Straßen Fuldaaue und Auedamm
kassel.de

NATUR, ABER KULTIVIERT

64

PARK SCHÖNFELD

Rund um das Schloss Schönfeld liegt dieser weitläufige Park mit Flüssen und Teichen.

Frankfurter Str. 140
verein-schloss-schönfeld.com

65

BOTANISCHER GARTEN

80 Linden bilden ein Spalier beim Eingang zu der weitläufigen Anlage.

Bosestr. 13
botanischer-garten-kassel.de

FOTOS: GULLIVER THEIS, ANDREAS DAHLMEIER

DÖNCHE

Rinderherde statt Krisenherde: endlich mal weg von allem

Im Westen Kassels tut sich das größte straßenfreie innerstädtische Naturschutzgebiet Deutschlands auf: In der **Dönche** finden Rehe, Schafe und Rinder eine friedliche Heimat – und Spaziergänger und Wanderer eine entspannende Auszeit. Die 173 Hektar Fläche mit der Anmutung eines offenen Parks sind geprägt von Tümpeln, Erlen- und Eschenwäldern, ihre Wege führen durch Grassteppen und an Weihern entlang auf Höhenrücken mit weitem Blick über die Umgebung. Die Universität Kassel forscht in der Dönche in einem biologischen Freilandlabor, das Naturkundemuseum (Tipp 26) untersucht dort das Wesen von Amphibien, die sich beim Schutz ihrer Privatsphäre halt nicht auf die Datenschutzgrundverordnung berufen können. Tja.

Parkplatz Wiederholdstr. 30, kassel.de

IN DIE PFANNE GEHAUEN

67

HOFLADEN RASCHKE

Auch 23 Galloway- und 15 Highland-Rinder kauen gemächlich das Gras auf den Weiden der Dönche. In einem Hofladen etwas außerhalb von Kassel kann man ihr aromatisches Fleisch kaufen: »Es ist magerer, dunkler und kräftiger im Geschmack als normales Rind«, sagt die Betreiberin Manuela Raschke.

Edermünde-Besse
Klappgasse 19
instagram.com/hof_raschke

Voll da: die Fulda

Wenn es sie nicht schon gäbe, müsste man sie auf der Stelle anlegen – dieser Fluss macht Kassel nicht nur schöner, sondern auch glücklicher

68

FULDAAUE

Bis 1977 wurden auf der Fulda Industriegüter verschifft, seitdem gehört sie den Wassersportlern und Müßiggängern. Besonderen Wert hat dabei die Fuldaaue als Naturschutzgebiet in der Stadt, umgeben von Wiesen, Bäumen, Cafés und vielen langen Pfaden zum Joggen und Radfahren.

Südöstlich der Karlsaue

69 VOLKSFEST ZISSEL

Bierstände! Boote! Narretei! Rund 100000 Menschen feiern jedes Jahr dieses beliebte Fest an der Fulda.

An der Promenade entlang der Karlsaue, zissel.de

70 KULTURZELT

Nördlich der Orangerie gibt es in diesem großen Zelt ein Programm rund um Elektronik, Pop, Jazz und Literatur – Tocotronic, Max Goldt und Mighty Oaks waren schon hier.

Auedamm 2, kulturzelt-kassel.de

71 BLUE DANCER

Die Lichtskulptur wurde 2003 von dem japanischen Künstler Kazuo Katase geschaffen.

Neben der Walter-Lübcke-Brücke

72 BIERGARTEN RONDELL

Deftiges Essen, kalte Getränke, Blick auf die Fulda und Bäume, die Schatten spenden: Besser geht's nicht.

Johann-Heugel-Weg rondell-kassel.com

FOTOS: TIM LANGLOTZ (3), GEORG KNOLL, ANDREAS DAHLMEIER

NA GUT, NOCH FÜNF MINUTEN!

Mit Kindern zu reisen, ist wie ein Crashkurs für den Diplomatischen Dienst: Jeder will was anderes, und das mitunter gleichzeitig. Mit diesen Tipps wird die ganze Familie glücklich

PLAY

ZOO AM RAMMELSBERG

In den Gehegen dieser Anlage tummeln sich Esel, Alpakas, Meerschweinchen und ähnlich bürgernahes Getier, manche Flauschis darf man sogar streicheln und füttern. Besonders die Waschbären scheinen zufrieden damit zu sein, wie leicht sich die Menschen trainieren lassen.

Roterkopfweg
zoo-rammelsberg.de

73

VERTICAL WORLD

»Das Kind will toben!« Dann probieren Sie's doch mal hier: Dieses Kletterzentrum mit fünf Boulderbereichen bietet Tageskarten sowie Schnupper- und Anfängerkurse, auch zugeschnitten auf einen oder beide Elternteile und bis zu zwei Kinder.

Lilienthalstr. 23, verticalworld.de

74

WASSERKRAFTWERK

Die kritische Infrastruktur erfährt ja neuerdings ein wachsendes Interesse – im Kraftwerk Neue Mühle lernen Kinder und Erwachsene, wo Strom und Trinkwasser herkommen.

Neue Mühle 8, kasselwasser.de

75

ABENTEUERSPIELPLATZ

Der Spielplatz Fuldaaue hat verschiedene Schaukeln, eine 30 Meter lange Seilbahn, eine Kletterwand, mehrere Wasserspielgeräte und vieles mehr: Hier üben Kinder das Festhalten und Helikoptereltern das Loslassen.

Bei der Fuldapromenade, kassel.de

76

77 **...und los!**

RICHIS KARTBAHN

Fokussierung, Impulskontrolle, Newtonsche Gesetze: Erstaunlich, was Kinder auf der Kartbahn alles lernen können. Es gibt Karts für Kinder und Erwachsene und ein Bistro für die Siegerlimo.

Mendelssohn-Bartholdy-Str. 23
kartbahn-kassel.de

PLANUNG

KINDERSTADTPLAN

Freibäder, Jugendzentren, Bücherei, Bahnen für Skater und alles, was Kindern sonst noch Spaß macht: Der Kinder- und Jugendstadtplan zeigt es in der Übersicht. Gibt's im Rathaus und im örtlichen Buchhandel oder online unter kassel.de.

Rathaus: Obere Königsstr. 8
unweit vom Friedrichsplatz

78

KINDER- UND JUGENDZEIT DER MUSEEN

Auf Entdeckungstour durchs Hessische Landesmuseum, selber Tapeten herstellen auf Schloss Wilhelmshöhe oder im Dunkeln mit der Taschenlampe durch den Bergpark: Hier können Kinder viel Neues erleben und sich selbst einbringen. Es soll Eltern geben, die bei derlei Veranstaltungen heimlich auf dem Handy rumspielen, aber wir wollen mal nicht so sein. Ist ja Urlaub.

Alle Termine für die kommenden Monate unter museum-kassel.de

79

ILLUSTRATION: INKE CRON

Kassel

Campingspaß am Fullestrand

Urlaubsfeeling pur, idyllische Natur und jede Menge Komfort: All das kannst du auf dem Kasseler Camping- und Wohnmobilplatz an der Fulda genießen. Freu dich auf erholsame Nächte unterm Sternenhimmel – nur wenige Minuten von der Kasseler City entfernt! **Buch jetzt schon deinen Platz an der Fulda!**

- Modernes Funktionsgebäude mit Sanitäreinrichtungen & Kiosk
- 99 Parzellen & Zeltwiese am Fluss
- WLAN-Abdeckung gesamter Platz
- 20 separate Wohnmobil-Stellplätze

www.campingplatz-kassel.de

Kassel Marketing | Kassel documenta Stadt

»Breathless« ist übrigens ein Klassiker der Nouvelle Vague von Jean-Luc Godard – mit dem legendären Jean-Paul Belmondo in der Hauptrolle

80-125 Westen

BAR CHACAL · SOKI · ROTOPOLPRESS
DURCH DEN VORDEREN WESTEN MIT PETRA MAIER
VOIT · THEATERSTÜBCHEN · MONDI · SEIBERT
WILD WOOD · SCHLOSS WILHELMSHÖHE · SCHLOSSHOTEL
DA VINCI · HOLY NOSH DELI · BERGPARK · HERKULES

Vielfältige Restaurants, fröhliche Bars – und die gesamte historische Wucht aus Schloss Wilhelmshöhe, Bergpark und Herkules: Der Westen ist der gefühlte Mittelpunkt der Stadt

---

Ankommen, runterkommen

In der **Bar Chacal** am Rande des Kasseler Kneipenviertels trifft sich die Szene des Westens – Studierende, Touristen, alle Berufe, alle Altersgruppen. »Ich betreibe die Kneipe seit über 30 Jahren und habe hier unglaubliche Momente erlebt«, schwärmt Inhaber Jochen Leder. »Hier spiele ich meine Jazz-Sammlung, und bei uns fühlen sich viele unterschiedliche Gäste wohl: Hier sitzt der Jura-Professor neben dem Tischler, und beide haben gemeinsam einen tollen Abend.« Das gemütliche Wohnzimmerflair entsteht durch eine Kombination aus Siebziger-Jahre-Möbeln, Ledersofas, historischen Filmplakaten und viel dunklem Holz, im Sommer genießen die Gäste den Abend draußen an den Tischen. Keinen Platz gekriegt? Einfach drinnen etwas zu trinken holen und dann ein bisschen auf dem Boulevard vor dem Haus herumlungern. Der wurde erst kürzlich neu gestaltet, so was muss man doch nutzen!

Goethestr. 44

FOTO: GEORG KNOLL

Soki

Gut durchdacht, gut gemacht: nachhaltige Mode und Accessoires

81

Streetwear für Frauen, Männer und Kinder, dazu Taschen, Schmuck und andere Lifestyle-Accessoires: Bei **Soki** ist alles so ökologisch wie möglich hergestellt. Für die Inhaberin Kira Kimm begann alles mit alten Stoffen von ihrer Oma, die die Maßschneiderin in Kleidung umnähte – heute verkauft sie in ihrem Green Concept Store nicht nur ihre eigene Kollektion, sondern auch fair produzierte Produkte von anderen Labels. »Neben upgecycelten Materialien kommt bei uns ausgewählte Bio-Baumwolle zum Einsatz«, sagt Kimm. »Das Herz unseres Eco Fashion Labels sind die bunten Boxershorts, gefertigt wie viele andere Teile der Kollektionen aus Omis alter Bettwäsche.«

Friedrich-Ebert-Str. 101
soki-store.de

MEHRWEG, WENIGER MÜLL

82

NACHFÜLLBAR

Behälter mitbringen, Lebensmittel abfüllen, Plastikverpackungen sparen – und das mit Bioprodukten.

Wilhelmshöher Allee 178
nachfuellbar-unverpackt.de

Rotopolpress

Eine Schwäche für Gestaltungswillen: grafische Arbeiten erster Güte

Der Verlag **Rotopolpress** ist spezialisiert auf Comics, Bilderbücher und Graphic Novels, dabei müssen die Arbeiten der Künstler keineswegs gefällig sein, um der Inhaberin Rita Fürstenau zu gefallen – viel wichtiger ist der erkennbare eigene Stil: »Uns interessieren starke, eigene Handschriften, experimentelle Erzählstile und eigensinnige Geschichten«, erklärt sie. »Unsere Bücher sollen so sehr überraschen, dass die Leser sie gleich noch einmal lesen wollen und jedes Mal etwas Neues entdecken.« Die Chancen, die Lesenden so zu erreichen, stehen gut: Im Shop des Verlages ist diese Leidenschaft spürbar, alle Bücher sind liebevoll präsentiert, dazwischen liegen schöne Kunstdrucke, Postkarten und andere famose Dinge aus Papier.

Friedrich-Ebert-Str. 95, rotopolpress.de

AUCH 'NE KUNST: KURATIEREN

84

GALERIE COUCOU

Noch so ein Ort mit Lust auf eigenständigen Stil: Das Kuratorenteam von Coucou schätzt starke künstlerische Haltungen und zeigt aktuelle Entwicklungen der Gegenwartskunst, unabhängig von Medium, Form, Stilrichtung oder Technik. Die Galerie versteht sich als Labor, in dem junge wie etablierte Künstler ein Publikum finden.

Elfbuchenstr. 20
coucou-coucou.com

FOTOS: GULLIVER THEIS

Durch den VORDEREN WESTEN *mit Petra Maier*

Sie war unter den Ersten, die in dem lange unterschätzten Gründerzeitquartier ein Geschäft eröffneten. Dank Pionieren wie Petra Maier, Inhaberin des Concept Store »hab selig«, ist die Friedrich-Ebert-Straße jetzt Kassels spannendste Flaniermeile

85

HAB SELIG

Als wir 2010 eröffnet haben, fanden es viele mutig, gerade in dieser Ecke mit einem eigenen Laden zu starten. Aber ich habe immer an diesen Standort geglaubt. Dank der Gründerzeitbauten, von denen Kassel leider nur noch so wenige hat, findet man hier einfach ein besonderes Flair. Heute hat unsere Straße einen ganz schönen Kiez-Charakter. Unser Motto bei hab selig ist: »Kleidsames, Kostbares und keine Krawatten«. Ich lege sehr viel Wert auf die Auswahl der Kleidung und Accessoires, alles, was wir hier verkaufen, hat das Zeug zum Lieblingsstück. Das kann ein Basic-Shirt sein oder ein Kleid, das man immer wieder gerne anzieht und das einem so richtig ans Herz wächst.

Friedrich-Ebert-Str. 90, habselig-kassel.de

86 PRISMA

Kunsthandwerk und Design direkt am Bebelplatz: Sieben kreative Frauen präsentieren und verkaufen ihre Arbeiten hier gemeinsam, von Schmuck über Porzellan und Taschen bis hin zu schön illustrierten Postkarten. Sie laden auch immer wieder Gäste von außen ein, sich für ein paar Monate in ihrem Laden einzumieten.

Dörnbergstr. 1, prisma-kassel.de

MEIN PERFEKTER TAG

Ein gutes Buch, ein schöner Ort, um mittags darin zu lesen, und abends Tapas mit Freunden

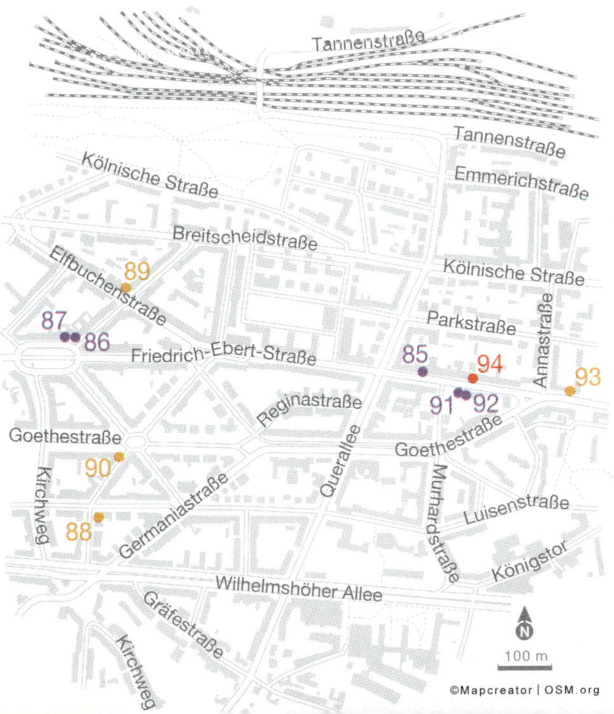

87 VORMITTAGS

*Ich finde, jedes Viertel braucht einen guten Buchladen. Und der Vordere Westen hat einen, den ich sehr schätze: Das Team in der **Buchhandlung am Bebelplatz** kennt sich bestens aus und hat immer einen guten Tipp auf Lager.*

Friedrich-Ebert-Str. 130 kassel-buch.buchhandlung.de

88 MITTAGS

*Noch relativ neu im Quartier und ideal für die Mittagspause ist das **Satt & glücklich**, ein hübsches, kleines Café, das neben Kuchen auch leckere belegte Brote und andere Snacks anbietet, darunter auch viel Vegetarisches.*

Pestalozzistr. 10 sattundgluecklich-kassel.de

89 ABENDS

*Für mich ist das **Chiringuito** ein echter Wohlfühlort. Ich mag diese Tapas-Bar nicht nur wegen der fantastischen Kleinigkeiten, die hier mit selbst gebackenem Brot serviert werden, sondern auch, weil hier so eine familiäre Atmosphäre herrscht. Das passt sehr gut in unser Viertel – man fühlt sich hier einfach wie bei Freunden zu Hause.*

Dörnbergstr.11 chiringuito-kassel.de

90 ENO

Für mich ein wahrer Lieblingsitaliener – und dabei Restaurant und Weinbar in einem. Hier findet man tolle moderne Küche und richtig gute Weine, und die Betreiber sind wunderbare Gastgeber. Pizza gibt's nicht, aber der Fisch und die vielen leckeren Kleinigkeiten auf der wechselnden Karte sind immer gut.

Goethestr. 67, eno-weinbar.de

91 VIERMALVIER

Wer Design-Klassiker mag, wird sich in diesen Laden verlieben. Malte Knigge sucht regelmäßig nach großartigen Stücken und verkauft nur Originale. Bei mir zu Hause stehen drei Eames-Chairs aus seinem Laden.

Friedrich-Ebert-Str. 83
ebay.de/str/viermalvierkassel

Blatt+Form

Ganz in der Nähe von unserem Geschäft liegt dieser Blumenladen. Ich bin dort mindestens einmal in der Woche, um mir Blumen für unsere Dekoration zu holen. Die Betreiber hier sind auch schon wahre Dinos im Viertel und haben miterlebt, wie der Vordere Westen in den letzten Jahren aufgeblüht ist. Und sie wissen, wie man Sträuße wunderbar arrangiert.

Friedrich-Ebert-Str. 83
blattundform.de

Kaffeerösterei Seegert

Unter der Woche öffnet die Kaffeebar, die zur Rösterei Seegert gehört, morgens um neun Uhr. Wer also um diese Zeit einen wirklich guten Kaffee braucht, sollte hier vorbeischauen. Für alle, die aus dem Zentrum die Friedrich-Ebert-Straße hochlaufen, ist das der ideale Ort für einen ersten Stopp auf der Tour durch den Vorderen Westen.

Friedrich-Ebert-Str. 64
seegert-kaffee.de

94 SCISSOR HANDS

Es gibt wirklich einige Friseursalons in unserem Viertel, aber keiner ist wie dieser. Scissor Hands gehörten zu den ersten, die hier im Quartier aufgemacht haben. Mario und Sabrina machen einen richtig guten Job, und man weiß sich bei ihnen in besten »Scherenhänden«.

Friedrich-Ebert-Str. 80

FOTOS: GEORG KNOLL, KARTENILLUSTRATION: JOCHEN SCHÄFERS

VOIT

Versuch jetzt bloß nicht abzulenken: Hier fokussiert sich alles aufs Essen

Bei Gourmets hat sich das **Voit** mit seiner modernen Küche als feinste kulinarische Adresse der Stadt etabliert, das Interieur ist angenehm schlicht und warm, die offene Eichenholzküche erlaubt es, zuzuschauen, wie die vielen Pfannen und Töpfe geschwungen werden. Inhaber Sven Wolf hat das »Voit« im Jahr 2014 nach Karrierestationen in Deutschland eröffnet: »Unser Menü des Monats entwickle ich gemeinsam mit meinem Küchenchef Sun Yung Han«, erzählt Wolf. »Bei uns steht das Produkt im Mittelpunkt, wobei wir schauen, was der saisonale Markt hergibt. Die Gäste erwartet eine aromenreiche Küche mit französisch-asiatischen Einflüssen. Die elf Tische sind schnell weg, besonders am Wochenende empfiehlt sich eine Reservierung.

Friedrich-Ebert-Str. 86, voit-restaurant.de

WIR LIEBEN ES ... BESSER!

96 **GAMBERO ROSSO**

Erstklassige hausgemachte Pasta, von Vanessa und Mario Propeano mit Herzlichkeit serviert.

Gräfestr. 4
gamberorosso-kassel.de

97 **MATTERHORN-STÜBLI**

Köstliche original Schweizer Küche in all ihrer Deftigkeit.

Wilhelmshöher Allee 326
matterhornstuebli.de

THEATERSTÜBCHEN

Viel näher als in diesem kleinen Club kann man den Stars nicht kommen

98

In der Gedrungenheit des **Theaterstübchens** kommt das Publikum den Interpreten so richtig schön nah, bis zu 200 Leute passen auf die Sitzreihen vor der Bühne. Hier treten regelmäßig Größen aus Jazz, Soul und Rock auf, durchsetzt mit etwas Kabarett – Jazz-Größen wie Ron Carter und Joshua Redman haben hier ebenso gespielt wie Scherzrakete Helge Schneider. »Bei uns stehen die Musiker und Musikerinnen in direktem Kontakt mit dem Publikum – eine Atmosphäre, die Publikum, Künstler und Künstlerinnen als einzigartig beschreiben«, sagt der Gründer Markus Knierim. Mehr als 300 Veranstaltungen gehen hier jedes Jahr über die Bühne, und dafür gibt es nicht nur Applaus, sondern 2021 gab es auch den Bundeskulturpreis »Applaus«.

Jordanstr. 11, theaterstuebchen.de

FÜR ZWISCHENDURCH

99 EBERTS

Als wäre die Fulda eine Donau: Wiener Kaffeehaus-Atmosphäre von Frühstück über Brunch bis zum Abendessen.

Friedrich-Ebert-Str. 116
eberts-kassel.de

100 BISTRO HAHN

Da staunt die Henne: So gut schmeckt vegetarisches Essen!

Pestalozzistr. 10
bistro-hahn.de

FOTOS: CAN WAGENER/DORFMEYSTER, GULLIVER THEIS

MONDI

Exzellente internationale Küche unter einem ganz besonderen Stern

101

Da gratulieren wir von MERIAN ganz herzlich: Erst unlängst hat das **Mondi** vom Guide Michelin einen grünen Stern verliehen bekommen – mit ihm werden besonders nachhaltige und umweltbewusste Häuser ausgezeichnet. Eine beachtliche Leistung für das Restaurant, das Pelle Kossmann erst 2021 eröffnet hat, seine Kartengestaltung ist entsprechend selbstbewusst – es gibt das, was für einen Tag als Menü angeboten wird, dafür sind es dann auch etwa zehn Gänge für 59 Euro, die Zutaten kommen aus der näheren Umgebung. Willkommen ist, wer kommt: »Das hier ist kein Laden für die oberen Zehntausend«, sagt Kossmann. »Sondern einer, in dem sich alle Gäste wohlfühlen.« Funktioniert!

Wilhelmshöher Allee 34
mondi-restaurant.de

NA, MEINE SÜSSE ...?

102

FROHNATUR

Wenn wir den ganzen Tag auf die leuchtend bunten Eisspezialitäten schauen würden, hätten wir auch immer gute Laune.

Wilhelmshöher Allee 18
facebook.com/Eisdielefrohnatur

103

KONDITOREI BON PATIS

Wie zart und filigran kann man ein Pastetchen gestalten? Sehr!

Landgraf-Karl-Str. 3
bonpatis.de

FOTO: GEORG KNOLL

BAR SEIBERT

Der Cocktail als Kunstwerk: Die Bar Seibert huldigt der virtuosen Zubereitung

104

Schon am späten Nachmittag füllt sich die »Bar Seibert« zum Kaffee, die schweren Vorhänge und die warmen Erdtöne der Einrichtung vermitteln eine fast behäbige Eleganz – doch in den frühen Abendstunden kommt Leben auf die matt schimmernde Messingtheke der **Bar Seibert,** wenn erfahrene Barmänner gekonnt mit Likören und Aromen hantieren. Zum Konzept gehören außerdem eine eigene Küche und sogar ein Showprogramm. »Unsere hauseigene Glamour-Show-Reihe ›Abendrot‹ läuft unter dem Motto ›Barkultur trifft Varieté‹«, sagt Inhaber Marc Seibert. »Sie besteht aus drei Akten à 20 Minuten – zum Genießen bei bester Unterhaltung.« Als wäre die Zubereitung der Cocktails noch nicht Unterhaltung genug!

Friedrich-Ebert-Str. 47, barseibert.de

NOCH EIN SCHLUMMERTRUNK

105 **FES**

Retro-Barhocker, gute Musik zwischen Pop und Latin und eine große Getränkekarte – einfach hinsetzen und bleiben.

Karthäuserstr. 17
fes-kassel.com

106 **KOON BAR**

Drinks, Antipasti und DJ-Sounds in einem früheren Spielsalon.

Friedrich-Ebert-Str. 17
koon.bar

FOTOS: THOMAS LOHNES, CAN WAGENER

107

WILD WOOD

Seifen, Schmuck, Uhren, Taschen, Kinderspielzeug: »Wir bieten einzigartige und nachhaltige Produkte an, Design für Outdoor und Indoor, aber auch Kunstdrucke und kreative Geschenkideen«, sagt Fabian Hilbich, Inhaber von **Wild Wood.** »In unseren Laden verirren sich aber auch Dinge, die in keine Schublade passen.« Ein paar Häuser weiter, unter der Hausnummer 99, gibt es einen zweiten Store von Wild Wood, dort liegt der Schwerpunkt auf Kleidung und Accessoires wie Mützen und Caps – alles bio oder mit Fair-Trade-Siegel versehen.

Friedrich-Ebert-Str. 91, wild-wood.de

ALLE FARBEN, ALLES GRÜN

108 ELSBETH

Jeans, Jacken, Taschen, Unterwäsche und viel ausgefallene Mode zwischen Fair Fashion und Biokleidung.

Friedrich-Ebert-Str. 74
facebook.com/derladen.elsbeth

109 CARPE DIEM

Mode, Einrichtungsobjekte und biologisch zertifizierte Hautpflege.

Goethestr. 26
carpediem-kassel.de

Schloss Wilhelmshöhe

Einst war es der Wohnort der Herrschenden, kurzzeitig wurde es zum Gefängnis für einen Kriegsgefangenen – heute befindet sich darin das wichtigste Museum der Stadt

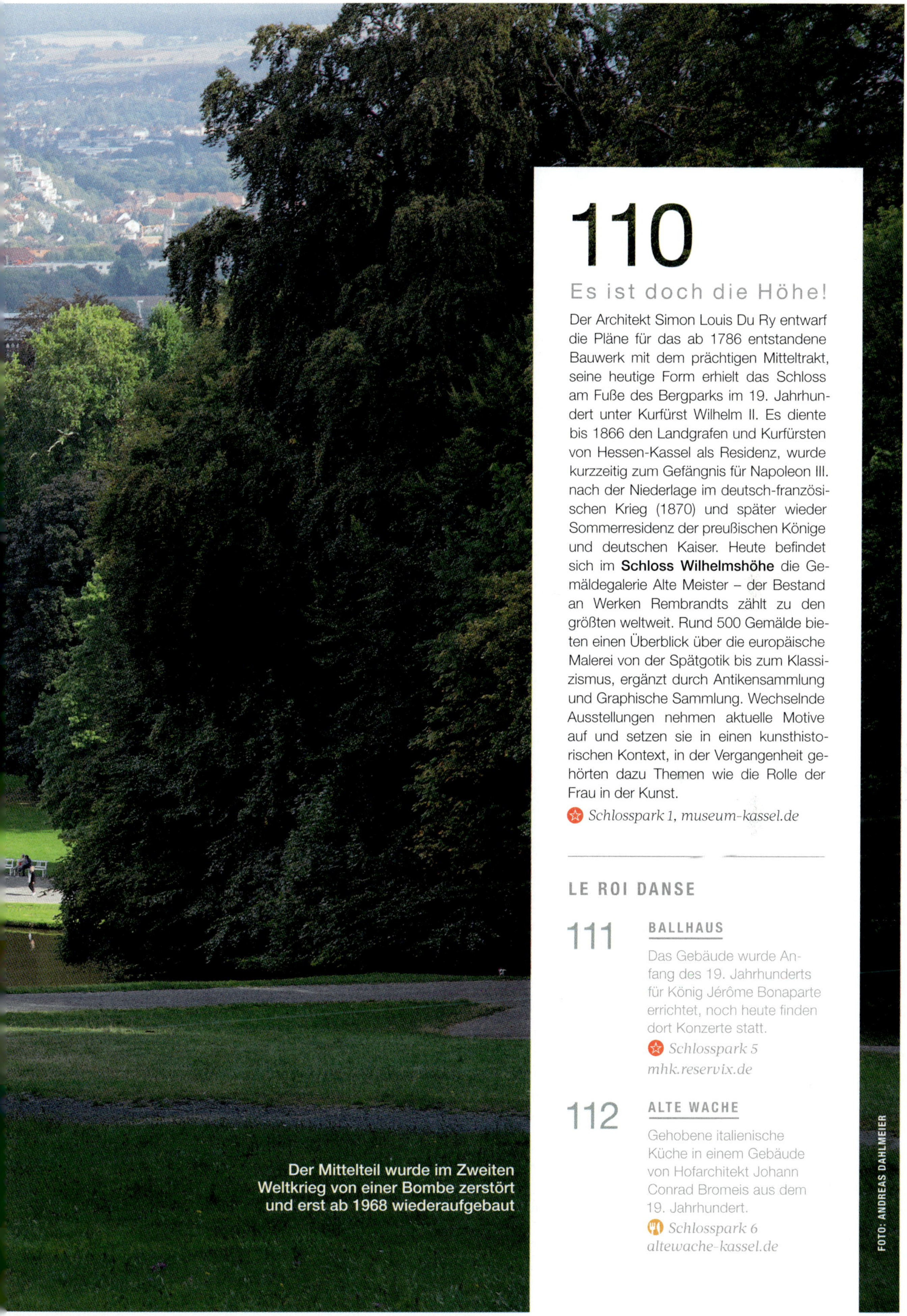

Der Mittelteil wurde im Zweiten Weltkrieg von einer Bombe zerstört und erst ab 1968 wiederaufgebaut

FOTO: ANDREAS DAHLMEIER

110

Es ist doch die Höhe!

Der Architekt Simon Louis Du Ry entwarf die Pläne für das ab 1786 entstandene Bauwerk mit dem prächtigen Mitteltrakt, seine heutige Form erhielt das Schloss am Fuße des Bergparks im 19. Jahrhundert unter Kurfürst Wilhelm II. Es diente bis 1866 den Landgrafen und Kurfürsten von Hessen-Kassel als Residenz, wurde kurzzeitig zum Gefängnis für Napoleon III. nach der Niederlage im deutsch-französischen Krieg (1870) und später wieder Sommerresidenz der preußischen Könige und deutschen Kaiser. Heute befindet sich im **Schloss Wilhelmshöhe** die Gemäldegalerie Alte Meister – der Bestand an Werken Rembrandts zählt zu den größten weltweit. Rund 500 Gemälde bieten einen Überblick über die europäische Malerei von der Spätgotik bis zum Klassizismus, ergänzt durch Antikensammlung und Graphische Sammlung. Wechselnde Ausstellungen nehmen aktuelle Motive auf und setzen sie in einen kunsthistorischen Kontext, in der Vergangenheit gehörten dazu Themen wie die Rolle der Frau in der Kunst.

Schlosspark 1, museum-kassel.de

LE ROI DANSE

111 BALLHAUS

Das Gebäude wurde Anfang des 19. Jahrhunderts für König Jérôme Bonaparte errichtet, noch heute finden dort Konzerte statt.

Schlosspark 5
mhk.reservix.de

112 ALTE WACHE

Gehobene italienische Küche in einem Gebäude von Hofarchitekt Johann Conrad Bromeis aus dem 19. Jahrhundert.

Schlosspark 6
altewache-kassel.de

Schlosshotel Bad Wilhelmshöhe

The good, the Bad and the Wilhelmshöhe: Luxus zu Füßen des Herkules

113

Natürlich sind die Zimmer modern und elegant, das legt der Name des **Schlosshotels Bad Wilhelmshöhe** ja schon nahe, aber das Besondere ist der 800 Quadratmeter große Wellnessbereich: Zu ihm gehören ein Indoor Pool, ein Naturschwimmteich im Garten, eine Panorama-Sauna mit Blick in die Landschaft und ein Spa für Massage- und Schönheitsbehandlungen. Gleichzeitig sieht das Haus seine Stärke auch als Tagungs- und Konferenzhotel, alle Gäste bekommen ein kostenloses Ticket für den öffentlichen Personennahverkehr. Vielleicht, ganz vielleicht, werden ja einige Veranstaltungen auch deswegen hierher verlegt, weil der Erholungsbereich so schön ist. Aber nur vielleicht.

Schlosspark 8
schlosshotel-kassel.de

EINE RUNDE FÜR ALLE

114

BRAUHAUS ZUM RAMMELSBERG

Hübsches Fachwerk, deftige Küche und ein gemütlicher Biergarten: Das »Brauhaus zum Rammelsberg« wirkt wie der Inbegriff zugänglich-traditioneller Gastronomie, auf der Karte steht Bewährtes wie Leberkäse, Strammer Max und, ja, »eine ganze runde Ahle Worscht«. Wohl bekomms.

Rammelsbergstr. 4
zum-rammelsberg.de

FOTO: SCHLOSSHOTEL KASSEL BAD WILHELMSHÖHE BETRIEBS GMBH

DA VINCI

Gehen wir zum Italiener oder soll er vorbeikommen?

An Ideen mangelte es Leonardo da Vinci nie. Auch Gianluca Luciano, der »Patron« in Kassels »Da Vinci« ist kreativ und umtriebig. Während der Documenta wird seine Crew mit einem Pizzamobil am Start sein, denn auch Kulturhungrige sollen ja manchmal ganz normalen Appetit bekommen. Zusätzlich bietet er – Achtung, Öko-Hipster! – an seinem Zweitwohnsitz namens »Solo« in der Friedrich-Ebert-Straße 118 luftig-fluffige Pizza Napoletana Biologica feil. Aber nun zum »Da Vinci«: Auch hier gibt es leckere Pläne. Ein früherer Zwei-Sterne-Koch aus Berlin soll ab und an ein **Gourmetmenü** jenseits der regulären Karte kredenzen. Erste Tests Ende 2021 endeten vielversprechend. Na dann: Fine (Italian) Dining im Vorderen Westen.

Lasallestr. 1, davinci-kassel.de

ICH GEB' MIR ZWEI KUGELN

116

BIO-EISCAFÉ CORTINA

Vom Mango-Sorbet bis zum Karamell-Salz-Eis: Auf Bio-Qualität wird bei den Zutaten für Eis und Kaffee geachtet. Dieses Eiscafé gehört zu den vielen Unternehmen in Kassel, bei denen Nachhaltigkeit im Alltag gelebt wird. Sogar die Becher sind biologisch abbaubar. Außerdem: leckere Optionen für Menschen, die veganes Eis essen wollen.

Wilhelmshöher Allee 134
cortina-bio-kassel.de

HOLY NOSH DELI

Denen wird's nie zu bunt: Das Essen im »Holy Nosh« ist farbenfroh und lecker

117

Im **Holy Nosh Deli** hat sich die Küche auf alles spezialisiert, was in eine Schüssel oder auf einen Teller passt, dazu gehören cremige Suppen, üppig belegte Stullen und würzige Currys. Sehr beliebt sind auch die farbenfrohen, leckeren Bowls, von fruchtig-erfrischenden Smoothie-Bowls über hawaiianische Poké Bowls mit Lachs und Hühnchen bis zu veganen Bowls – alles wird kunstvoll angerichtet. Aber auch wegen seiner hervorragenden Kuchen und Torten ist das kleine Bistro ein beliebter Anlaufpunkt zum Frühstück und Lunch, zum Kaffee oder frühen Abendessen. Weiße Marmortische, grüne Polsterbänke und exotische Pflanzen machen das Lokal zum gemütlichen Refugium.

Friedrich-Ebert-Str. 91
facebook.com/holynoshdeli

FOTOS: ANDREAS DAHLMEIER

VON DER ROLLE BEGEISTERT

118

ASAHI

Dieses Sushi-Restaurant bereitet die leckeren Röllchen in einer ungewöhnlichen Vielfalt zu: mit Fisch, Meeresfrüchten oder vegetarisch, leuchtend rot mit Roter Bete oder hell und zart im knusprigen Mantel. Dazu passen vielfältige Salate aus Lachs und Avocado, schwarzen und grünen Algen oder eingelegtem Kimchi-Kohl.

Friedrich-Ebert-Str. 88
asahi-kassel.de

Über 50 Meter hoch schießt diese Fontäne aus dem Teich vor dem Schloss Wilhelmshöhe

FOTO: AARON MOSER

119

Eau my God!

Ursprünglich konnte man die Botschaft zum **Bergpark Wilhelmshöhe** an die Menschen mit zwei Worten zusammenfassen: »Alles meins!« Landgraf Carl von Hessen-Kassel ließ den 560 Hektar großen Park anlegen, eine begrünte Wundertüte aus Tempeln und Teichen, Grotten und Brücken, Gärten und Beeten, umgeben von Wiesen und Wäldern, durch die endlos erscheinende Pfade mäandern. Als Krönung der landgräflichen Schöpfung steht auf einem Berg der Herkules auf seinem Oktagon, einem achteckigen Bauwerk, vor dem eine Serie aus Wasserbecken liegt. Für die 250 Meter lange Anlage wurde ein italienischer Architekt namens Giovanni Francesco Guerniero bemüht. Von Mai bis Oktober finden mittwochs, sonntags und an Feiertagen die Wasserspiele statt: Dann stürzen 750 Kubikmeter Wasser von Becken zu Becken dem Schloss entgegen, bis sie im Neptunbassin mit der Statue des Herrschers der Ozeane ankommen – ein Schauspiel, das schon seit etwa 300 Jahren die Menschen in Kassel und ihre Besucherinnen und Besucher entzückt. Der Bergpark Wilhelmshöhe gilt als der größte Bergpark Europas und zählt seit 2013 als Gesamtkunstwerk aus Parkanlage und Wasserspielen zum Weltkulturerbe der UNESCO.

Herkules/Schlosspark
museum-kassel.de

Bergpark

Der Bergpark Wilhelmshöhe ist ein Denkmal aus Wasser, Wald und Stein für die Opulenz des Barocks – und ein wunderbarer Ort, um zu flanieren und sich zu entspannen

GUT GEBAUT

120

GEWÄCHSHAUS

Wenn die Saison der Wasserspiele zu Ende geht und der Bergpark in seinen Winterschlaf fällt, öffnet das Gewächshaus seine Türen. Der lang gezogene Glasbau wurde 1823 unter Kurfürst Wilhelm II. fertiggestellt und später erweitert. In den kalten Monaten ist er das Zuhause von tropischen und historisch wertvollen Pflanzen, darunter einige, die es schon zu Wilhelms Zeiten gab. Im Frühling werden sie wieder nach draußen an die frische Luft verpflanzt.

Nördlich des Schlosses

121

LÖWENBURG

Die Löwenburg war vom ersten Tag an als Ruine geplant: Landgraf Wilhelm IX. ließ das Gebäude zwischen 1793 und 1801 als bewohnbare Burg errichten, die jedoch wirken sollte wie ein verfallenes mittelalterliches Gemäuer mit gotischen Spitzbögen und bröckelnden Wänden. Unser Tipp für den wohl romantischsten Ort an der Ruine: Hinter der Feste liegt ein Labyrinth aus Hecken – mit Sitzbänken, wie gemacht für eine kleine Pause auf der Wanderung durch den Park.

Südlich des Fontänenteichs

122

MULANG NO. 6

Die Kultur Chinas war im 18. Jahrhundert en vogue, Landgraf Friedrich II. bewunderte die Effizienz der dortigen Landwirtschaft. Deshalb ließ er südlich des Schlosses das Dorf Mulang im chinoisen Stil errichten und dort Korn mahlen, Käse ansetzen und Vieh hüten. Eines der früheren Hirtenhäuschen dient heute als Gästehaus, modern und schlicht eingerichtet in Weiß und abgetönten Farben – ein sehr hübscher Kontrapunkt zum barocken Gestaltungsdrang im Park.

Mulangstr. 6
mulang-no6-kassel.de

Zwischen der mittelalterlich wirkenden Löwenburg (rechts) und dem ländlichen Gästehaus »Mulang No. 6« (ganz rechts) besteht einer von vielen schönen Kontrasten im Park

Das Gewächshaus (links) wurde als eines der ersten Gebäude in Deutschland in einer leicht und feingliedrig wirkenden Konstruktion aus Glas und Eisen errichtet. Es ist von November bis März geöffnet

Siegfried Hoß, Leiter der Gärten und Gartendenkmalpflege im Park

»IN DIESEM PARK IST NICHTS ZUFÄLLIG«

MERIAN scout: Herr Hoß, was macht diesen Park so besonders?

SIEGFRIED HOSS: *Man kann sich den Park als ein schräg stehendes Gemälde vorstellen: Wer hier spazieren geht, der blickt auf eine Komposition, in der nichts zufällig ist. Die Farben von Buchen, Eschen, Lärchen und Fichten, die Formen ihrer Äste – all das haben Gärtner in der Geschichte der Anlage eingesetzt, wie ein Künstler die Farben und Formen in der Malerei verwendet.*

Zwei Jäger arbeiten in Ihrem Auftrag: Warum brauchen Sie die?

Wir haben Nilgänse, sie sind Wandervögel und haben sich hier niedergelassen – die verdrängen heimische Vogelarten, darunter auch Schwäne. Waschbären marodieren durch die Mülleimer und plündern Vogelnester, ihre Ausscheidungen können Krankheiten übertragen. Außerdem gibt es hier Wildschweine, die unsere artenreichen Grünflächen umwühlen. Es ist nicht auszuschließen, dass sie eines Morgens die Grünfläche vor dem Schloss umgraben. An den Rändern waren sie schon.

Wie respektlos! Menschen hingegen bewundern die Anlage, vor allem die Wasserspiele ...

In Paris und anderen europäischen Hauptstädten hat man sich darüber aufgeregt, dass Landgraf Carl das Geld hatte, sich so etwas zu leisten – das war genau die Anerkennung, die er wollte. Die Technik bedienen wir immer noch wie zu ihrer Entstehungszeit: Die Mechanik wurde zum Teil erneuert, aber die Schieber, mit denen das Wasser aufgedreht wird, bewegen wir immer noch von Hand.

FOTOS: ANDREAS DAHLMEIER (2), STADT KASSEL

HERKULES

Irgendwie behandelt er die Leute immer so'n bisschen von oben herab – aber sie lieben ihn trotzdem und besuchen ihn gern

Ursprünglich sollte der Herkules aus Sandstein sein, aber dann wäre er für die Konstruktion unter ihm zu schwer gewesen

123

Nackte Tatsachen

Landgraf Carl hatte was gesehen – und musste es haben: Der **Herkules** im Bergpark ist eine Nachbildung des Hercules Farnese, einer antiken Statue, die dem Landgrafen in Italien aufgefallen war. Gebaut hat ein Goldschmied namens Johann Jacob Anthoni den Kasseler Herkules, er ist 8,30 Meter hoch und unglaublich detailliert geformt aus Kupferplatten, die nur etwa 2,5 Millimeter dick sind – Fotografien zeigen, wie fein Barthaare, Muskeln und sogar Fingernägel gearbeitet wurden. So nah auf die kupferne Pelle können die Besucher ihm zwar nicht rücken, aber von der Aussichtsplattform des rund 62 Meter hohen Bauwerks unter der Statue hat man schon ganz hübsche Perspektiven.

Im Bergpark, museum-kassel.de

GROSS UND STARK WERDEN

124 **HERKULES TERRASSEN**

Kaffee, Kuchen und vertraute warme Gerichte zu Füßen des Helden – mit exzellentem Blick in den Bergpark und auf die Stadt.

Schloßpark 26
herkules-terrassen.de

125 **ELFBUCHEN**

Traditionelle Küche, modern und schwungvoll interpretiert, und drumherum rauscht der Wind in den Bäumen.

Aussichtsturm Elfbuchen 1, waldhotel-elfbuchen.de

FOTO: AARON MOSER

126-135

KASSEL FÜR ...

Sparen, entspannen, Gemüse mümmeln, mit dem Wohnmobil reisen – wer das Besondere will, der braucht besondere Tipps: Voilà!

SPARFÜCHSE

126

ÖPNV für lau, außerdem Ermäßigungen bei 30 Kooperationspartnern: Mit der **KasselCard** sparen Sie auf (fast) jedem Meter. Ab neun Euro für 24 Stunden, erhältlich bei der Tourist Information, dem Besucherzentrum Wilhelmshöhe, dem Campingplatz Kassel und anderen beliebten Anlaufstellen in der Stadt.
kassel.de

127

Wer bei einer von 140 Unterkünften in der Grimmheimat Nordhessen übernachtet, bekommt dort gratis die **MeineCard Plus:** Damit sind viele Züge und Busse, aber auch Museen, Tierparks und Schwimmbäder in der Region kostenlos. Noch nicht ganz wie im Märchen, aber schon ganz gut.
grimmheimat.de

SPORTSFREUNDE

128

Warum immer zu Fuß gehen? Warum nicht mit dem SUP über die Fulda, ist doch viel anstrengender! Wer beim Stand-up-Paddling etwas für Kraft und Koordination tun will, schaltet mit der **Kolula-App** einfach an der Ausleihstation das Board frei und los geht's.
Auedamm 23
kolula.com

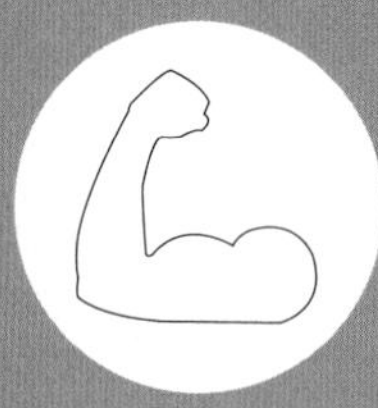

129

Zischende Kufen, leidenschaftliches Publikum und Männer in Knautschzonen: Bei den Spielen der **Kassel Huskies** in der Eissporthalle am Auestadion geht's zur Sache. Praktisch zur Bespaßung von Kindern und Partnerinnen oder Partnern, die immer irgendwie bespielt werden müssen. Gibt ja so Leute.
Am Auestadion 1, kassel-huskies.de

VEGANER

130

Auch als Nichtveganer kann man vegan essen – einfach, weil's lecker ist. Bei **Herbstapfel** machen sie diverse Bowls, außerdem Burger mit Patties aus Halloumi, Grünkern, Quinoa und Beyond-Meat-Pseudofleisch. Mal Pasta mit Bärlauch-Löwenzahnpesto und gerösteten Cashews probiert? Hier ist die Gelegenheit.
Kohlenstr. 20, herbstapfel.de

131

Zum glücklichen Bergschweinchen ist ein schöner Name für ein veganes Restaurant – klar, dass das sogenannte Nutztier sich freut, wenn Burger aus Mangobällchen, Dürüm aus Tempeh und Falafel auf der Karte stehen. Es gibt sogar Gyros, nur halt vegan, heißen dann Vyros. Unterlassung muss kein Verzicht sein.
Weserstr. 2, facebook.com/bergschweinchen

GESTRESSTE

132

Eigentlich ist Meditation keine Entspannung, sondern Fokussierung – die häufig entspannend wirkt. Im buddhistischen **Zen-Kreis Kassel** wird mehrmals wöchentlich für eine Stunde sitzend meditiert, eingeleitet und abgeschlossen durch Lesen von Texten und unterbrochen von fünf Minuten Gehmeditation.
Sickingenstr. 10, zen-kreis-kassel.de

133

Wir dürfen die **Kurhessen Therme** als eine Insel des Müßiggangs auffassen, als eine Erholungslandschaft mit Innen- und Außenbecken, verschiedenen Saunen und einer orientalisch inspirierten »Traumwelt« mit Marmorbad, Klang- und Dufttempel. Aaah!
Wilhelmshöher Alle 361
kurhessen-therme.de

CAMPER

134

Hier haben es die Camper aber gut: Der **Camping- und Wohnmobilplatz** liegt zentral an der Fulda, nur ein paar Schritte von der Karlsaue entfernt, im neuen Servicegebäude gibt es einen Shop, WCs, Duschen und vieles mehr. Durch einen Plattformlift sind alle Räume mit dem Rollstuhl zu erreichen.
Giesenallee 9, campingplatz-kassel.de

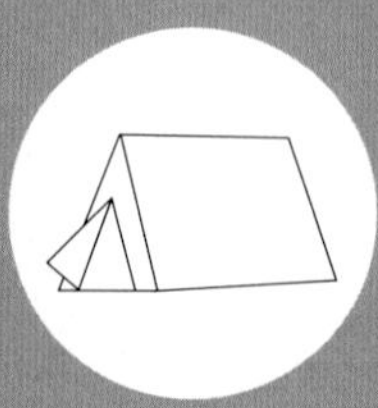

135

Auch die **Deutsche Märchenstraße** macht es Reisenden mit Wohnmobil leicht: Sie zeigt auf ihrer Website eine Karte, auf der Stellplätze eingezeichnet sind, in einigen Orten wie Fritzlar und Witzenhausen liegen sie besonders hübsch direkt an der Stadtmauer. Dazu gibt's Routenvorschläge mit Etappen.
deutsche-maerchenstrasse.com

ILLUSTRATIONEN: INKE CRON UND LENA GLAUCHE

SCHON ALLES GESEHEN?
Es ist deine Zeit.
Shopping in 100 Shops, Restaurants und Cafés plus 1.400 kostenlose Parkplätze
Mo - Sa von 9.30 - 20 Uhr
d|e|z
dez.de

Unser Tipp:
Stadtrundfahrten im Doppeldecker Bus
Infos & Termine:
www.kasselstadt rundfahrt.de

Anders, als diese Szene es womöglich vermuten lässt, sind fast exakt 50 Prozent der Studierenden an der Uni Kassel weiblich

136

136-157 Norden

UNIVERSITÄT · DURCH DEN NORDEN MIT GERRIT RETTERATH · MUTTER · KASSELER STADTIMKER MR. WILSON · FOTO-MOTEL · GOLDGRUBE

Klar, dass im Gravitationsfeld der Uni so coole Sachen wie Street-Art, eine Skaterhalle, verschiedene Clubs und jede Menge gut sortierte Schankstätten gedeihen. Wäre ja auch bitter, wenn nicht

---

Der Welt zugewandt

24 000 Studierende, davon über 3000 aus dem Ausland, etwa 300 Professuren und aktuell mehr als 100 Fachgebiete, die einen Schwerpunkt auf Umwelt- und Nachhaltigkeitsthemen setzen: Die 1971 gegründete **Universität** ist einer der Fixpunkte im Wandel der Stadt. »Wir wollen einen echten Beitrag dazu leisten, auf die drängenden Fragen der Zukunft zu antworten«, sagt Uni-Präsidentin Ute Clement: Klima, Globalisierung, Digitalisierung und gesellschaftliche Umbrüche spielen eine entscheidende Rolle. Bedeutsam werden soll dabei das noch in der Gründung befindliche »Kassel Institute for Sustainability«, das Ziele entlang der 17 Sustainable Development Goals der Vereinten Nationen verfolgen will. Und natürlich kommen auch Themen nicht zu kurz, die spezifisch sind für Kassel: Eine Professur widmet sich den Arbeiten der Brüder Grimm, ein Documenta-Institut wird derzeit aufgebaut.

Mönchebergstr. 19, uni-kassel.de

FOTO: GEORG KNOLL

Durch den NORDEN mit Gerrit Retterath

Wenn jemand weiß, was in Kassels Norden los ist, dann ist es Gerrit Retterath vom Kulturzentrum Schlachthof: Er kennt die besten Graffiti-Projekte, die schönsten Cafés und die wichtigsten Kulturprojekte in dieser Ecke

137 NORDSTADTPARK

Der zentrale Platz im Viertel: Hier kommen alle Bubbles zusammen – und hier ist der beste Ort, um einfach mal Menschen zu gucken. Auffällig: die riesige Graffiti-Fläche am nahen Klinikum, bestimmt 300 Meter lang, hier wird oft etwas Neues gesprüht.

Fiedlerstr. 5, kassel.de

138 KULTURZENTRUM SCHLACHTHOF

Biergarten, Bar, 200 Veranstaltungen und zwei Festivals pro Jahr: Der Schlachthof ist das soziokulturelle Herz der Nordstadt und mit 150 Mitarbeitern eines der größten Kulturzentren Deutschlands. Beim Frühlingsfest stellen wir Bühnen rund ums Haus auf und spielen fast alles, von Hip-Hop über Jazz, Blues und Indie bis zu Balkanbeats und Weltmusik. Einfach hingehen und staunen!

Mombachstr. 10-12, schlachthof-kassel.de

MEIN PERFEKTER TAG

Morgens entspannt frühstücken, zwischendurch schöne Graffiti anschauen, mittags auf dem Campusgelände essen und abends noch einen Burger und ein Bier zum Tagesausklang – es lebt sich gut in Kassels Norden

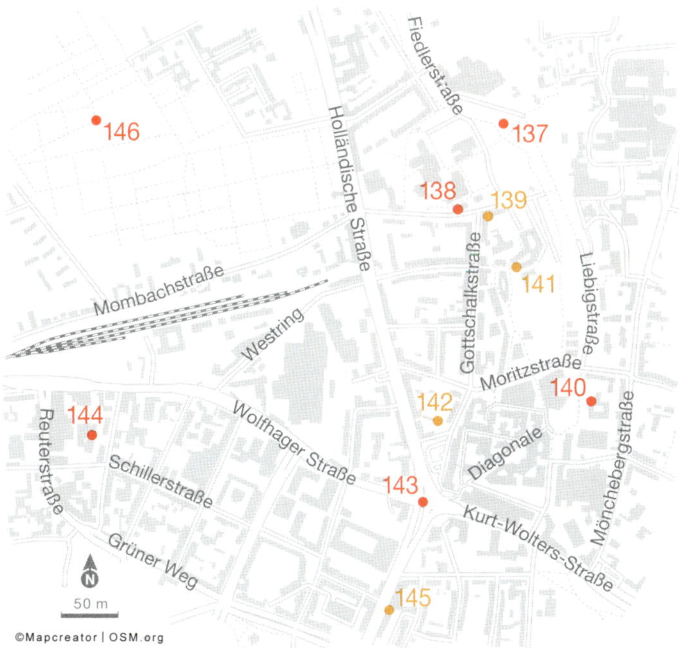

139 MORGENS

*Das **Hurricane** ist ein beliebter Stadtteiltreff: schick, aber trotzdem gemütlich, sogar mit Wintergarten.*

Gottschalkstr. 38, hurricane-cafe.de

140 VORMITTAGS

*Der spanische Künstler **Roice 183** hat meine Lieblingswand gestaltet, bunt und trotzdem sehr klar.*

Mönchebergstr. 8, instagram.com/roice183

141 MITTAGS

*In der **Forschungskantine** im Science Park auf dem Forschungsgelände gibt es auch für Nichtstudierende einen herausragend guten Mittagstisch.*

Universitätsplatz 12, forschungskantine.de

142 ABENDS

*Gestaltet im US-Design der Fünfziger und Sechziger mit Neon und Emaille: Das **Chevy** bietet klassische Burger, aber auch ein vegetarisches und veganes Angebot.*

Henschelstr. 15, chevy-kassel.de

143 RAUM FÜR URBANE EXPERIMENTE

Die Stadt hat dem Verein »Urbane Experimente« zwei Unterführungen zur Verfügung gestellt, um dort mit alternativer Street-Art »urbane Interventionen« durchführen zu können – in der Südstadt am Weinberg und bei uns am Holländischen Platz. Unscheinbar hinter einem Rolltor gibt es da unten auch die »GaleRuE« mit einer kleinen Bar, dort wird gelegentlich ausgestellt, oder es findet ein Rockkonzert statt, wo niemand es erwartet.

Holländischer Platz
urbane-experimente.de

144 KOLORCUBES

Für dieses Projekt hat man internationale Graffiti-Künstler:innen nach Kassel geholt und mit ihnen großformatige Projekte umgesetzt. Den größten Teil davon kann man als »Public Art Gallery« im Schillerviertel besichtigen; beliebt als Fotomotive: »Beuys auf Augenhöhe« (Foto) in der Schillerstr. 16 und die Farbexplosion von SatOne in der Erzbergstr. 53.

kolorcubes.de

145 CAFE KARAGÖZ

Rund um den Holländischen Platz gibt es wunderbare arabische Bäckereien und türkische Imbisse wie etwa das Karagöz (Foto) mit seinem Holzbackofen. Zu den Spezialitäten des Hauses zählt die Eierspeise Menemen. Ganz gut ist auch das »Karadeniz« zwei Häuser weiter, da gibt's leckeres Börek, Pide, Döner, Baklava und viele süße Leckereien – perfekt für den Weg aus der Innenstadt und zurück.

Untere Königstr. 74

146 HAUPTFRIEDHOF

Der Hauptfriedhof ist auch ein Ort der Lebenden und gärtnerisch sehr schön gemacht. Hier erinnert ein Mahnmal an den NSU-Mord an Halit Yozgat, der nur wenige Hundert Meter von hier passierte – und mich erinnert es daran, wie wichtig politisches Engagement für eine offene Gesellschaft ist.

Halitplatz

FOTOS: GEORG KNOLL (5), CAN WAGENER, ULF SCHAUMLÖFFEL. KARTENILLUSTRATION: JOCHEN SCHÄFERS

Mutter

Krach und gute Laune im warmen Schoß des Punk

Von Dienstag bis Samstag erforscht das Publikum der **Mutter** kollektiv die unterschiedlichsten soundexperimentellen Universen – Post Punk, Prog, Kraut und viele andere musikalische Seltsamkeiten werden gewünscht und geschätzt. »Alles, was ordentlich Wind macht«, lautet ein Motto der Betreiber, und ein anderes »Bitte bleiben Sie bizarr«. Mit dieser Attitüde hat die »Mutter« es im Jahr 2018 immerhin auf ein Plattencover geschafft, nämlich auf das Album »Regular Vanilla« der deutschen Band »Catch As Catch Can«, drinnen lag sogar ein Poster, auf dem das wild-liebevolle Kneipenpublikum zu sehen war – so tief in die Popkultur einzusickern, das muss man als Gastronomiebetrieb erst mal bringen. Chapeau.

Bunsenstr. 15, facebook.com/MutterBar

GELEBTE VIELFALT

148

BEI ALI

Bisschen Kiosk, bisschen Kneipe, bisschen Imbiss – und alles zusammen pralles Leben: Ali Timtik ist mit seinem skurrilen Laden eine Legende der Nordstadt, mittlerweile ist er selbst sogar Ortsvorsteher im migrantisch geprägten Stadtteilkiez Nord-Holland. Was ihm dabei wichtig ist: »Preise gut, Leute gut, und null Toleranz gegen Rassisten!« Da sind wir dabei.

Westring 73, beiali.com

FOTOS: ANDREAS DAHLMEIER

Kasseler Stadthonig

Lang lebe die Königin: Victor Hernández macht Biohonig mitten in der Stadt

149

Stachel hin, Stachel her – Victor Hernández trägt keinen Schutzanzug. »So höre und sehe ich besser, das macht mich entspannter«, sagt er. »Und das überträgt sich auf die Bienen.« Die machen für ihn den **Kasseler Stadthonig,** an 25 Standorten hält er insgesamt mehr als 100 Bienenvölker mit jeweils 50 000 bis 80 000 Tieren. Ihr Honig hat sogar Bioqualität: Gibt es hier so viele Blüten? Und: Sind die sauber genug? »Kassel ist eine der grünsten Städte Deutschlands, Bienen finden hier die unterschiedlichsten Blüten und Bäume«, sagt Hernández. »Den Feinstaub der Autos filtern sie mit einem Ventil an ihrer Honigblase heraus.« In seinem Shop gibt es außer Honig noch Spezialitäten wie Met, Seife, festes Shampoo, Bienenwachstücher und Honigsenf.

Holländische Str. 82, kassel-stadthonig.de

SÜSS UND SATT

150 **STREITER**

Selbst gemachte Pralinen, Kuchen und Torten mit Lust an der detailreichen Verzierung: ein Café mit schön verspieltem Charme.

Hartwigstr. 14

151 **PACOS TACOS**

Günstige Tex-Mex-Spezialitäten in lockerer Atmosphäre.

Gottschalkstr. 39
pacostacos.de

152

Von der Rolle

Alle sagen einfach **Mr. Wilson,** aber eigentlich heißt der Verein »Mr. Wilson 1. Skateboardverein Kassel e. V.«, es gibt ihn schon seit 1989, sein pädagogisches Fachpersonal wird finanziert durch das Jugendamt der Stadt. Vielen der Jugendlichen ist das womöglich gar nicht bewusst – sie finden hier halt Deutschlands größten Indoor-Beton-Bowl (250 Quadratmeter!), unlängst kamen auch noch eine neue Outdoorfläche und eine kleine Halle für Kulturevents hinzu. »Offene Jugendarbeit, Sport, Kunst und Kultur verschmelzen bei uns zu einem inklusiven, zeitgemäßen Ganzen«, sagt Matthias Weiland, Vorsitzender des Vereins Kesselschmiede e. V., in der Mr. Wilson seine Heimat hat. »Gäste sind hier immer willkommen!« Damit Anfänger nicht häufiger Hautkontakt mit dem Boden haben als nötig, gibt es samstags Kurse für Einsteiger (ab ca. 20 Euro).

Brandaustr. 1-3, mister-wilson.de

STILKUNDE

153 TECHNIK-MUSEUM

300 Jahre hessische Technologiegeschichte in einer Halle des Henschel-Werks, in der einst Lokomotiven gebaut wurden.

Wolfhager Str. 109
tmkkassel.de

154 ZWEIPUNKTNULL

Ungewöhnliche Vintage-Kleidung in einer gemütlichen Shop-Landschaft.

Gottschalkstr. 32
instagram.com/zweipunktnullks

FOTO: GEORG KNOLL

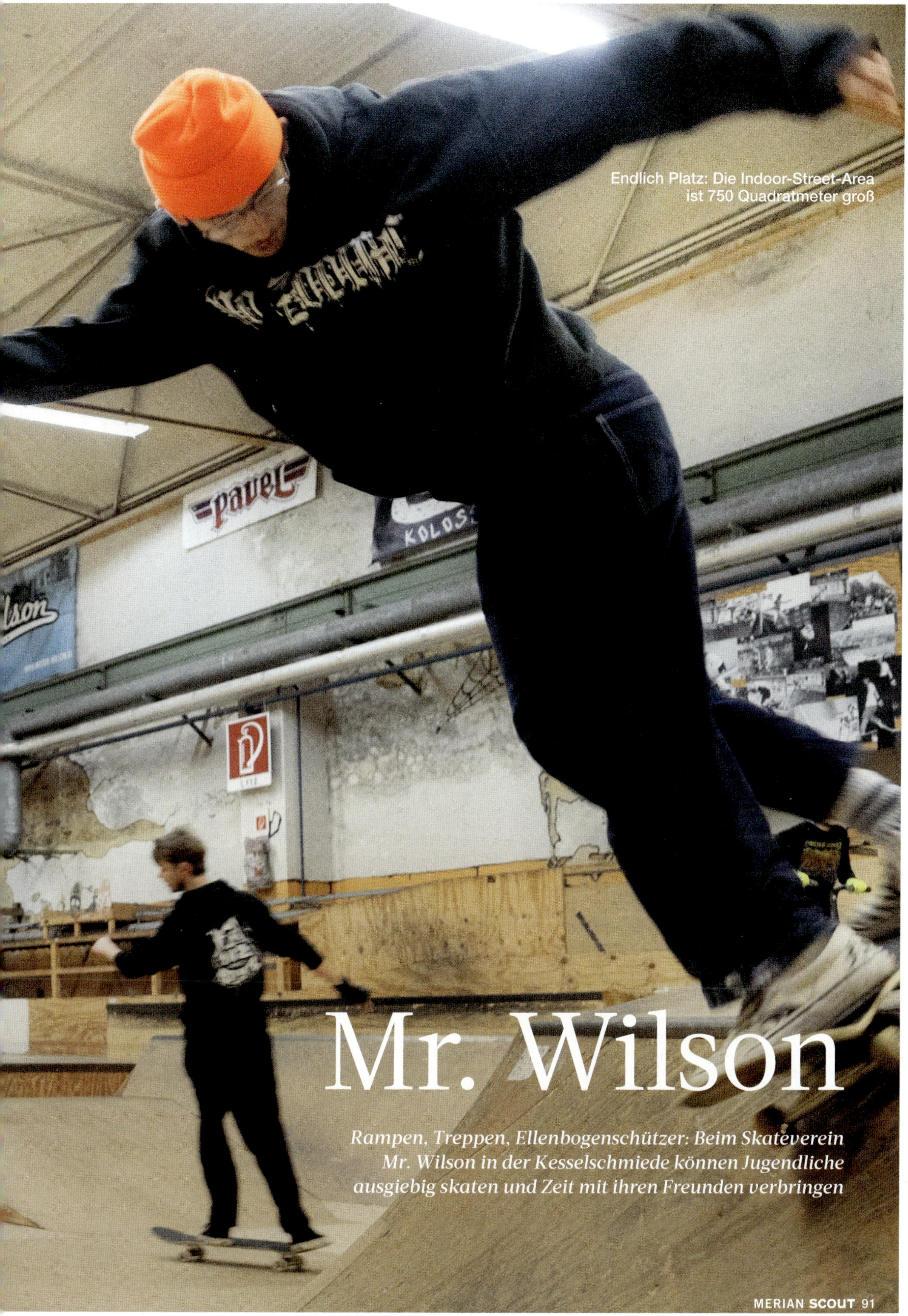

Endlich Platz: Die Indoor-Street-Area ist 750 Quadratmeter groß

Mr. Wilson

Rampen, Treppen, Ellenbogenschützer: Beim Skateverein Mr. Wilson in der Kesselschmiede können Jugendliche ausgiebig skaten und Zeit mit ihren Freunden verbringen

FOTO-MOTEL

Nur die liebevolle Einrichtung zählt: früher Puff, heute Hotel

155

Das gibt's nur einmal in Kassel: In diesem Gebäude war einst das größte Bordell der Stadt beheimatet, 2006 ersteigerte das Künstler-Ehepaar Elfi und Pitze Eckart erst eine ehemalige Antennenfabrik auf dem Nachbargrundstück, später erwarb man das Bordell dazu und eröffnete das Ganze im Jahr 2012 unter dem Namen **Foto-Motel.** Künstlerisch einzigartig gestaltete Zimmer und Apartments im Vintage-Look als Hommage an die Stadt – »wundervoll unperfekt«, wie das Haus sich selbst beschreibt. »Wir haben alles, was uns in Kassel interessiert und gefallen hat, sehr intensiv recherchiert und dann in die Gestaltung der Zimmer integriert«, sagt Elfi Eckart, und als Ergebnis verspricht sie »unangestrengte Kulturbetten«. So gibt es etwa das Themenzimmer »Zertanzte Schuhe nach dem bekannten Märchen der Brüder Grimm« und direkt nebenan das »Traumzimmer Tante Olga, in dem das Bett an der Decke hängt und leicht schaukelt« – es ist einem Kunstobjekt der Documenta 6 aus dem Jahr 1977 nachempfunden, das als Schiff die Träume der Kinder symbolisieren wollte. Auch Joseph Beuys, die Löwenburg und der Mulang aus dem Bergpark Wilhelmshöhe und das Marmorbad aus der Orangerie werden so mit eigenen Räumen gewürdigt. Das jüngste Projekt heißt »Take Five« – fünf Container als markanter, skulpturaler Blickfang und neues künstlerisch-unkonventionelles Refugium auf Zeit für die Gäste. Auch hier gilt, so Eckart: »Erlebnis geht vor Perfektion.«

Wolfhager Str. 53
foto-motel.de

FOTOS: GULLIVER THEIS, GEORG KNOLL

GOLDGRUBE

Eigentlich ein Metal-Laden, aber »Metallgrube« klingt halt nur halb so toll

156

Hier kann das Trommelfell seinem Namen mal Ehre machen: Die **Goldgrube** ist gleichsam die Heimstatt der Kasseler Metal-Szene, die Interpreten auf der Bühne tragen blumige Namen wie »Gorilla Monsoon«, »I Am Morbid« oder »Made In Iron«, wobei wir eher getippt hätten, dass es »Made Of Iron« heißt, aber man muss ja jetzt auch nicht jede Präposition auf die Goldwaage legen, um im Bild zu bleiben. Lokale und internationale Gruppen gehen hier ein und aus, das Metal-Fachorgan »Deaf Forever« (nein, das haben wir uns nicht ausgedacht!) hat den Club jüngst erst wieder in die Top Ten der schönsten deutschen Clubs gewählt. Und hey, die müssen's ja wohl wissen.

Sogar die Adresse klingt nach Metal: Eisenschmiede 85, facebook.com/goldgrubekassel

HOFFENTLICH IST ES ÖKOSTROM

157

FRAU TANZ

Bis vor Kurzem hieß dieser Club noch »Kleiner Onkel«, jetzt heißt er »Frau Tanz«, man serviert an den Wochenenden eine tanzbare Melange aus Techno und anderer elektronischer Musik. Gleichzeitig will sich der Club mit Aktionen und Ausstellungen zum Kulturstandort weiterentwickeln, man hat jetzt sogar einen Garten für Open-Air-Veranstaltungen.

Mombachstr. 47, frau-tanz.de

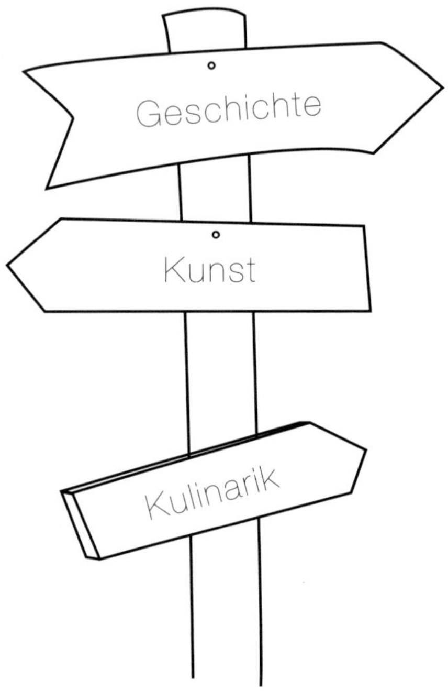

HIER GEHT'S LANG!

Auf geführten Touren erfahren Reisende viele spannende Dinge, die ihnen sonst entgangen wären – mit diesen Tipps sehen (und hören und schmecken) Sie Kassel einmal ganz anders

SEHEN UND STAUNEN

STADTFÜHRUNG

Die Stadt Kassel hat auf ihrer Website eine große Vielfalt an Touren für fast jedes Interessengebiet zusammengestellt – darunter ein Rundgang zu den Kunstwerken der Documenta, verschiedene Gruppenführungen durch die Museen der Stadt, eine Tour mit einer Marktfrau aus vergangenen Zeiten, Flanieren auf den Spuren der Brüder Grimm, gemütliches Schlendern über die Blumeninsel Siebenbergen und viele mehr. Tickets lassen sich unkompliziert online buchen, Kurzentschlossene kaufen sie einfach vor Ort im Büro der Tourist Information.

Preise je nach Tour ab ca. 12 Euro Wilhelmsstr. 23, kassel.de **158**

HESSENCOURRIER

Familienbesuch! Und jetzt? Wie wäre es damit: Es sind gute 30 Kilometer von Kassel nach Naumburg, auf dieser Strecke überwindet der historische Zug einen Höhenunterschied von mehreren Hundert Metern, darum dauert die Fahrt gute anderthalb Stunden. Schließlich sind es Loks aus der Mitte des vergangenen Jahrhunderts, die durch die grüne Landschaft zuckeln. Vor der Rückfahrt bleiben zwei Stunden Zeit, um sich das hübsche Naumburg anzuschauen. Mit so einer Tour hat man den technikbegeisterten Schwiegervater oder die naturverliebte Tante sofort in der Tasche.

Erwachsene ab ca. 25 Euro hin und zurück, hessencourrier.de **159**

160 *Wuff!*

RUNDGANG MIT HUND

Bei dieser gut zweistündigen Führung können Mensch und Tier gemeinsam viel erleben, sie führt von der Hessenschanze bis zum Bergpark – mit einer Spielpause zum Toben an der Prinzenquelle.

Stunde ab ca. 60 Euro stadtfuehrungen-kassel.de

OHREN & GAUMEN

AUDIOGUIDES

Auf der Website von izi.travel finden Sie zahlreiche Audioguides für Kassel zum Download auf das Smartphone: vom Rundgang durch die historische Altstadt über das Kassel der Jahre 1933 bis 1939 bis zur Street-Art von heute. Praktisch: einfach durch QR-Code in die izi.travel-App herunterladen.

Kostenloser Download izi.travel **161**

ESSKULTOUR

Auch durch das Essen und Kochen kann man viel über eine Region lernen. Diese mehrstündigen Exkursionen führen durch Stadtteile wie Vorderer Westen und Hohenzollernviertel oder durch Bad Wilhelmshöhe und Wahlershausen, zwischendurch wird das Beste genossen, was das Quartier zu bieten hat – regional oder international, traditionell oder modern.

Erwachsene ab ca. 64 Euro pro Person, esskultouren.com **162**

ILLUSTRATION: LENA GLAUCHE

MERIAN SCOUT

MARKT-PLATZ

MADE IN KASSEL

Was wird in Kassel nicht alles hergestellt: Mode mit Geschmack! Gin mit Geschmack! Tassen voller Zärtlichkeit! Dies sind unsere Favoriten

163

VERANTWORTUNG TRAGEN

In mehreren skandinavischen Ländern bedeutet »ansvar« so viel wie »Verantwortung«, und davon steckt in dem Rucksack Ansvar I von »mela wear« jede Menge: Fairtrade-Baumwolle, 100 Prozent biologisch, und zu den Schultern ist er mit seinen gepolsterten Gurten auch lieb. Schnalle kaputt? Einfach kostenlos nachbestellen.

99,90 Euro, z.B. bei Wild Wood, Friedrich-Ebert-Str. 99, melawear.de

164

BRAUKUNST (ECHT JETZT)

Ein schickes Etikett für ein Bier in Bio-Qualität mit fruchtigen Noten, auch alkoholfrei zu haben (rechts): Das ist das Documenta-Bier der Brauerei Hütt.

Sixpack für 5,99 Euro, im Kasseler Einzelhandel, huett.de

165

VERSESSEN AUF HESSEN

Die Leute von Casselmania machen hübsche Devotionalien für Bewohner und Besucher der Stadt, gibt's online und bei der Tourist Information, Wilhelmsstr. 23.

T-Shirt für 19,90 Euro, casselmania.de

166

WANN WAR METALL JEMALS SO FLAUSCHIG?

Mit kuschelnden Waschbären oder mit einer Hommage ans Zuhause: Die Emaille-Tassen von Fullekind sind ein schönes Geschenk für alle, die Kassel mögen.

16,90 Euro, z.B. im Haus der Geschenke, Wilhelmshöher Allee 311, instagram.com/fullekind

167

BEREIT ZU NEUEN ABENTEUERN

Sofort auf Zack, gleich nach dem Aufstehen: kein Problem mit dem Herkules Espresso von Stadtliebe, einer Komposition von Bohnen aus Brasilien und Indien.

250 Gramm für 6,90 Euro, im Stadtliebe Store, Friedrich-Ebert-Str. 101, die-stadtliebe.de

168

BEERENSTARK

Frische Erdbeeren werden bei »SecretBerry« filigran mit belgischer Schokolade überzogen und verziert, dann geschickt verpackt und anschließend rasant versandt. Wer spontan anfragt, kriegt vielleicht auch welche in der Manufaktur in der Waisenhausstr. 1.

270 Gramm für 29,99 Euro in der Mini-Box, secretberry.de

169

EIN PROST AUF DEN HELDEN!

Zwölf Auszüge von Pflanzen aus dem Bergpark gelangen in den 535 Upstairs Dry Gin – zwölf für die zwölf Heldentaten, die der Herkules vollbracht haben soll, und 535 für die Anzahl der Stufen, die zu ihm hinaufführen. Kräuter wie Rosmarin, Thymian und Basilikum, aber auch Akzente wie Sanddorn, Brombeerblätter und Rosenblüten geben dem Gin seinen Charakter.

0,5 Liter für 33,99 Euro, z.B. in der Weinhandlung Bremer, Wildemannsgasse 1, upstairs-gin.de

In Witzenhausen fühlen sich viele sauwohl. Auch weil man hier schon lange auf Umweltschutz setzt

170-193 Umland

WITZENHAUSEN · NATIONALPARK KELLERWALD-EDERSEE
SABABURG · LOST PLACES · WURSTEHIMMEL
HOHER DÖRNBERG · DIE SCHÖNSTEN SCHLÖSSER

Öko-Landwirtschaft zieht Studenten nach Witzenhausen, im Nationalpark fühlen sich seltene Tiere wohl, und wir würden gern in eines der märchenhaften Schlösser rund um Kassel einziehen

---

Vor allem: nachhaltig

Nicht nur im Frühjahr, wenn sich die Felder östlich von Kassel in ein weißes Blütenmeer verwandeln, spielen die Kirschbäume in **Witzenhausen** eine wichtige Rolle. Durch den Obstanbau wurde der 15 000-Einwohner-Ort zu einer der kleinsten Universitätsstädte Deutschlands, und wie der sich umweltverträglich gestalten lässt, lernen hier die Studierenden des Fachbereichs Ökologische Agrarwissenschaften der Uni Kassel. Die bringen jede Menge gute Ideen in die Region: Etwa, wie Witzenhausen durch Umweltprojekte wie eine Solarstrom-Tankstelle und Nachbarschaftsgärten zur zukunftsfähigen Smart City wird. Ein guter Startpunkt, um Witzenhausen zu erkunden, ist der Wochenmarkt an der Liebfrauenkirche, nur 250 Meter von der Werra entfernt, die in schwungvollen Bögen vorbei an bunten Fachwerkfassaden mäandert. Hier kann man sich jeden Freitagvormittag durch die regionalen Spezialitäten schlemmen.
witzenhausen.eu

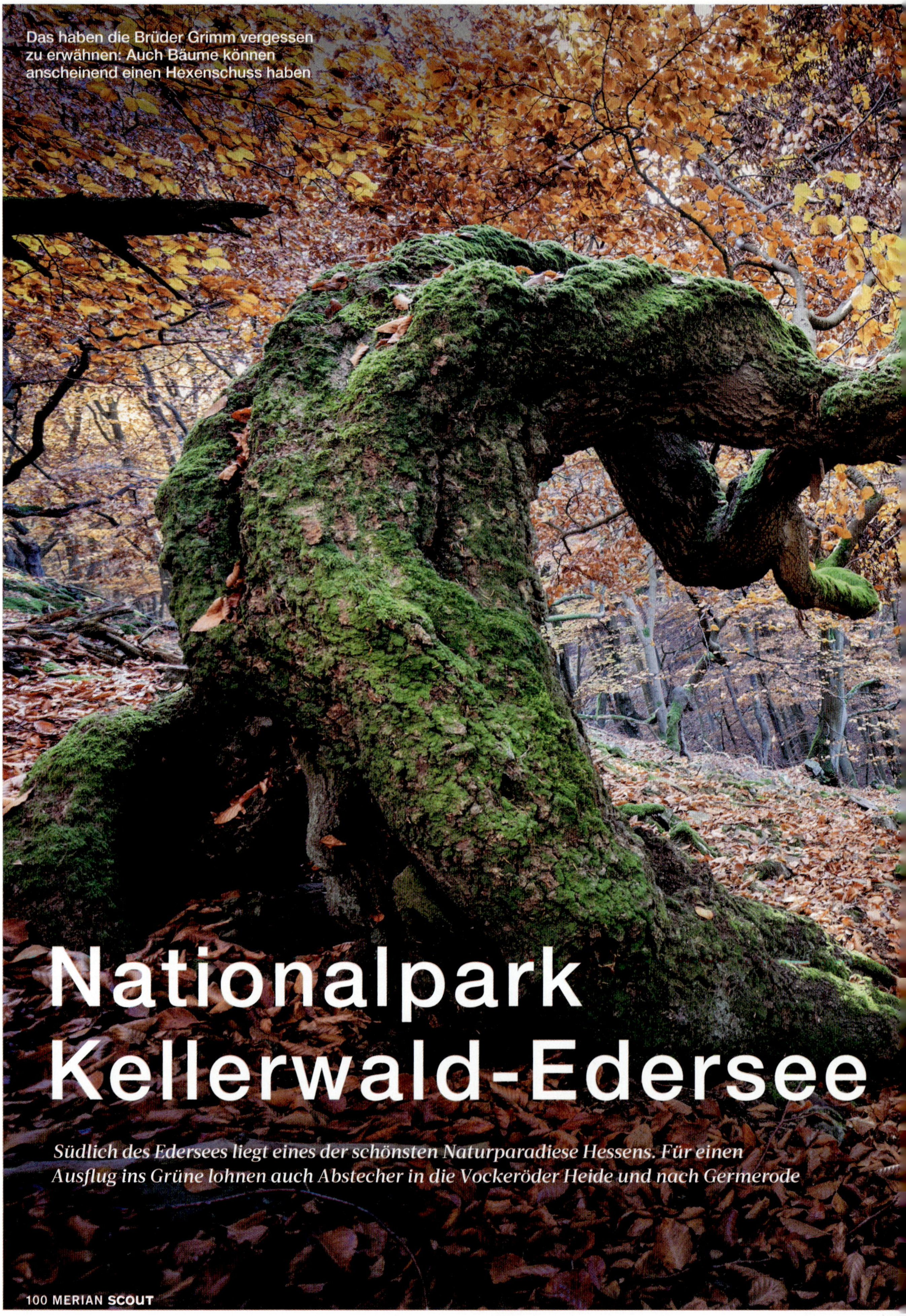

Das haben die Brüder Grimm vergessen zu erwähnen: Auch Bäume können anscheinend einen Hexenschuss haben

Nationalpark Kellerwald-Edersee

Südlich des Edersees liegt eines der schönsten Naturparadiese Hessens. Für einen Ausflug ins Grüne lohnen auch Abstecher in die Vockeröder Heide und nach Germerode

171

Jetzt Buchen!

Bis zu 300 Jahre alt sind einige der Rotbuchen, für die Teile des Nationalparks Kellerwald-Edersee 2011 zum **UNESCO-Weltnaturerbe** ernannt wurden. »Diese knorrigen Bäume wirken beinahe wie mystische Wesen aus ›Herr der Ringe‹«, schwärmt Ranger Volker Nagel, auch wenn er in diesem märchenhaften Wald noch keine wandernden Baumriesen wie bei Tolkien gesichtet hat. Dafür gibt es in dem Urwald, der kürzlich auf etwa 7700 Hektar – fast 4500 Fußballfelder – erweitert wurde, noch viel mehr zu entdecken: Im September rufen Hirsche nach einer Partnerin, und am Ufer des Edersees kann man Fledermäuse beobachten. Und wenn der Wald nach einem Sommergewitter vor Feuchtigkeit so richtig dampft, geht der Feuersalamander auf Wanderschaft. Höchste Zeit für Volker Nagel, um Lurchi und seine Freunde von den Radwegen aufzuklauben. Denn um beschützt zu werden, ist hier kein Wesen zu klein.

nationalpark-kellerwald-edersee.de

HIER BLÜHT IHNEN WAS

172 VOCKERÖDER HEIDE

In dem Naturschutzgebiet wachsen geschützte Pflanzen wie der Sonnentau.

Parken: Vockerode-Dinkelberg Dinkelberger Straße vockeröder-heide.de

173 MOHNWEG GERMERODE

Traumhaft: Von Ende Juni bis Anfang Juli blüht hier auf knapp 25 Hektar der rosa Schlafmohn.

Parken: Neuer Weg 10 mohnbluetefrauholle.land

FOTO: ROLAND ABEL/ADOBE STOCK

SABABURG

Um die einstige Pilgerherberge ranken Rosen und Mythen

174

»Hat die wirklich hier geschlafen?« Es ist die wohl häufigste Frage, die Kinder dem Märchenführer Dieter Uffelmann zum Dornröschenschloss in Hofgeismar stellen. Eins zumindest gilt als sicher, sagt er: Die auch in Kassel lebenden **Brüder Grimm** kannten dieses Schloss aus dem 14. Jahrhundert. Im Dreißigjährigen Krieg wurde es so schwer beschädigt, dass es noch zu ihren Lebzeiten wirkte, wie aus der Sage entsprungen. Derzeit liegen als Hotel genutzte Bereiche wegen Renovierungsarbeiten übrigens wirklich im Dornröschenschlaf. Den romantischen Rosengarten und das zwischen den runden Türmen gelegene Haupthaus kann man aber weiterhin besuchen: Hier wird zwischen April und Oktober das Märchen von der schlafenden Schönen aufgeführt.

Hofgeismar, erlebnis-sababurg.de

KEIN WASSERVOGEL: WISENTE

175

URWALD SABABURG

Die Stars des seit 1907 geschützten Urwalds sind die mehr als 600 Jahre alten Eichen.

naturpark-reinhardswald.de

176

TIERPARK SABABURG

Auf 1,3 Quadratkilometern leben Wisente, Wölfe und Wollschweine.

Hofgeismar, Sababurg 1
tierpark-sababurg.de

FOTO: GERALD HÄNEL

177

MERIAN scout: Herr Almeroth, als »Urban Explorer« entdecken Sie verlassene, teils verfallene Bauwerke neu. Worauf muss man dabei achten?

TOBIAS ALMEROTH: *Bevor man losgeht, sollte man herausfinden, wem das Grundstück gehört, und um Genehmigung bitten, sonst begeht man Hausfriedensbruch. Und aus Sicherheitsgründen sollte man nie allein losziehen. In meiner Urban-Explorer-Gruppe tragen wir meist Helme und haben eine Erste-Hilfe-Ausrüstung dabei. Als Anfänger besucht man verlassene Orte am besten im Rahmen einer Tour, wie sie von uns oder den Vikonauten angeboten wird. Alternativ gibt es Einzelführungen, etwa am Lenoir-Mausoleum, der Ruhestätte des Kasseler Mäzens George André Lenoir, der hier ein Waisenhaus stiftete – ein besonders faszinierender Lost Place. Man kann es aber nur von außen sehen.*

Was fasziniert Sie so an Ruinen?

Vor allem die Atmosphäre. Ich finde spannend, wie die Natur sich das Terrain zurückerobert. Besonders schön sieht man das am alten Bahnbetriebswerk in Dillenburg. Beim Urban Exploring geht es aber auch darum, etwas über die Vergangenheit dieser Orte zu lernen. Die alte Weberei Salzmann zum Beispiel ist ein richtiges Stück Kasseler Stadtgeschichte. Im Treppenhaus vor dem holzvertäfelten Konferenzsaal etwa gibt es eine Tafel, die an Opfer des Ersten Weltkriegs erinnert.

Diese Weberei wird jetzt umgebaut, damit Wohnungen und eine Kita entstehen. Wie ist das für Sie?

Als Foto-Location ist sie für mich verloren. Aber ich freue mich auch, Wohnraum wird ja auch gebraucht. Und durch den Umbau verfällt sie eben nicht komplett, die Architektur bleibt durch die Restaurierung erhalten. So wird aus einem Lost Place ein Industriedenkmal.

Hessisch Lichtenau/Fürstenhagen
lenoir-mausoleum.beepworld.de
Führungen mit Tobias Almeroth: facebook.com/TheRaccoonRebells

FOTOS: TOBIAS ALMEROTH, ANDREAS WEBER/STARS FÜR EINE NACHT

Ein Geisterhaus? Keine Sorge, im Mausoleum des Chemikers George André Lenoir spuken nur Besucher herum

Ganz schön

runtergekommen

Urban Explorers huldigen dem bröckelnden Glamour verlassener Bauwerke. Manche Entdecker wie Tobias Almeroth nehmen Besucher mit auf ihre Reisen in die Vergangenheit

ALLEIN AUF WEITER FLUR

178 VIKTORIABUNKER

Früher lagerte Bier in dem Felsenkeller aus den 1830er Jahren, 1940 wurde er zum Luftschutzbunker. Fotograf Andreas Weber führt hier Fotokurse durch.

Kölnische Str. 41, Führungen über die Explorer-Gruppe Vikonauten: vikonauten.de weber-fotografie-kassel.de

179 FELSENKELLER

Vieles in dem Bau des Brauers Carl Ferdinand Roßtheuscher ist noch erhalten, etwa die gemauerten Bier-Lagerbänke.

Kölnische Str. 69 Führung: vikonauten.de

180 SPRENGSTOFFWERK

Eine Themenroute führt zu den Ruinen einer Munitionsfabrik, die einmal riesig war: Von einst 399 Gebäuden sind 10 übrig.

Hirschhagen, Parken: Gutenbergstr. 2, Führung: hirschhagen.de, hessisch-lichtenau.de

181 SEILBAHN SÖHREWALD

Die Überreste der Bahn von 1912 sind mit Grubeneingängen des ehemaligen Bergbaugebiets über einen Wanderweg verbunden.

Söhrewald, Start z.B. Parkplatz Am Brandt, eco-pfade.de

182 TIGERGEHEGE

Relikte von Käfigen im Schocketal, in denen ein Dompteur in den 1970er Jahren Raubkatzen hielt.

Simmershausen Parken z.B. im Junghecksweg

183 KULTURBUNKER

Fünf Gehminuten vom Kasseler Hauptbahnhof entfernt liegt der Bunker, der im Zweiten Weltkrieg den Beamten der Reichsbahn vorbehalten war.

Friedrich-Engels-Str. 27 Führung: vikonauten.de Info: kulturbunker-kassel.de feuerwehrverein-kassel.de

184 EDERSEE ATLANTIS

Vor dem Ersten Weltkrieg wurden für den Stausee drei Dörfer geflutet. Bei sehr niedrigem Wasserstand kann man zwischen den Ruinen spazieren.

edersee.com

WURSTEHIMMEL

Die »Ahle Worschd« der Landschlachterei Koch hat Kultstatus

185

Wenn ein inhabergeführter Betrieb von einer Generation zur nächsten übergeben wird, dann birgt das Chancen und Gefahren. Katharina Koch ist die Tochter von Thomas Koch, dessen Urgroßvater Ludwig die **Landfleischerei Koch** in Calden am 28. April 1877 gründete – und sie ist ein Glücksfall für das in der fünften Generation befindliche Unternehmen, das eigentlich die beiden älteren Brüder hätten übernehmen sollen. Aber Katharina, die Politik und Publizistik studierte und in Berlin, Paris und New York Zeit verbracht hat, half von kleinauf in der Fleischerei mit und liebt diesen handwerklichen Beruf. Die Frau, die vor Energie und Ideen sprüht, macht einiges anders als ihr Vater, allerdings wenig, wenn es um die Wurst geht – die »Ahle Worschd«, wie sie in Nordhessen genannt wird, ist eine luftgetrocknete Mettwurst, die nicht wie Mettwurst schmeckt, sondern viel leckerer. Die Chefin erweiterte die Produktpalette mit den Bestsellern »Dürre Runde«, »Feldkieker« und »Stracke« behutsam, beispielsweise um Würste im Knoblauch- oder Wiesenkräuter-Mantel. Auch mit der documenta fifteen kooperiert sie: »Dafür haben wir die indonesische Nationalblüte Jasmin in die bestehende Rezeptur eingearbeitet.« Das ergebe eine leckere Geschmacksnote. Zudem wünschte sich das Künstlerkollektiv Ruangrupa »etwas Vegetarisches«; Katharina Koch kreierte ein »veganes Weckewerk«, ersetzte Schwein im ebenfalls nordhessischen Traditionsrezept durch weiße Bohnen und Reiswaffel. Schmeckt das? »Unglaublich gut«, sagt sie.

Calden, Mittelstr. 6, landfleischerei-koch.de

Das 5-Sterne-Hotel HOHENHAUS wird empfohlen von „Slow Food Deutschland“. Fest in der Region verankert, hat sich das Haus verpflichtet, traditionelle Regionalküche zuzubereiten und diese mit den neuen Entwicklungen in der Gastronomie zu vereinbaren. Dass das hervorragend funktioniert, beweist die Auszeichnung mit einem Stern im Guide Michelin Deutschland.

Michelin 2022

@hotelhohenhaus

Farm to table

Hotel Hohenhaus ★★★★★ – this is the place to be.

Mitten in Deutschland und doch in absolut ruhiger Lage liegt das Relais & Châteaux-Hotel HOHENHAUS. Hier können Sie die unvergleichliche und ursprüngliche Natur genießen. Das stilvolle Hotel ist eine perfekte Oase für anspruchsvolle Gourmets und Naturliebhaber. Die Wartburg, die Goethestadt Weimar und das Schloss Wilhelmshöhe mit der umfangreichsten Rembrandt-Sammlung der Welt locken zu erlebnisreichen Ausflügen.

„Wir möchten Handarbeit für unsere Gäste wieder erlebbar machen“, lautet das Credo des Hoteldirektors und Küchenchefs Peter Niemann. Für das Restaurant „Hohenhaus Grill“ hat er nach der erklärten Devise ein Menü kreiert, bei dem alle Zutaten aus nächster Nähe kommen. Das Getreide für Ruch- und Dinkelbrot wird rund um Gut Hohenhaus angebaut. Demeter-Gemüse kommen aus Herleshausen, luftgetrocknete Wurst aus den Lehmkammern der Metzgerei Opfer in Datterode. Das Deutsch-Angus-Bioland-Rind wird von Familie Zimmermann in Willershausen aufgezogen, und vom ihrem Nordhof stammen auch die Eier.

„Farm to table“, ein Konzept, für das andere Gourmetlokale enormen Aufwand betreiben. Hier, im Hotel HOHENHAUS, ist das kein Trend, sondern seit Jahren gelebtes Selbstverständnis. Das HOHENHAUS-Team freut sich darauf, Sie zu verwöhnen.

HOTEL HOHENHAUS

RELAIS & CHÂTEAUX

37293 Herleshausen
Telefon: +49 56 54 98 70
E-Mail: info@hohenhaus.de

Hoher Dörnberg

Nordwestlich von Kassel eröffnet sich eine einzigartige Landschaft, die einst ein Vulkanausbruch formte. Heute lässt sie Wandererherzen höherschlagen

Heute ist alles mit Wiesen bedeckt, doch vor 15 Millionen Jahren muss es hier ausgesehen haben wie auf Lanzarote

186

Hessen on the rocks

Als hätte jemand mit viel Ordnungssinn sie fein säuberlich gestapelt, so liegen die schwarzen, mit Flechten bewachsenen Basaltschichten auf dem Gipfel des **Hohen Dörnbergs** – dabei begann alles mit einer wilden Explosion: Ein Vulkanausbruch schuf hier vor etwa 15 Millionen Jahren zunächst eine mit Lava bedeckte Landschaft. Inzwischen lugt der Basalt vor allem an der Spitze in 587 Meter Höhe hervor, und grüne Wiesen schmiegen sich an die Hänge, auf denen im Sommer viele Orchideen blühen. Etwa der Mücken-Händelwurz und der als gefährdet geltende Fliegen-Ragwurz mit seinen schokoladenfarbenen Blüten. Auch Wacholderbüsche stehen wie hingetupft in dem Naturschutzgebiet und säumen den teils mit Geröll bedeckten Pfad, der ziemlich steil bergauf führt. Feste Schuhe zu tragen, ist also eine schlaue Idee. Damit wäre man auch bestens gerüstet, falls man nach dem Aufstieg Lust auf noch mehr Weitblick hat. Gipfelstürmer können über den Habichtswaldsteig zum Großen Schreckenberg mit seinem 15 Meter hohen Aussichtsturm wandern.

Start: Wanderparkplatz Friedrichstein, Zierenberg
naturpark-habichtswald.de

ALLERBESTE AUSSICHTEN

187 HOHES GRAS

Im Winter tummeln sich Skifahrer auf den Pisten des mehr als 600 Meter hohen Berges, im Sommer lockt der Aussichtsturm. Den Schlüssel dazu gibt's im Lokal nebenan.

Kassel, Hohes Gras 3a
waldgaststaette-hohes-gras.de

FOTO: ANDREAS DAHLMEIER

BITTE RECHT PRÄCHTIG!

Absurd hohe Decken, verzierte Giebel und erlesenes Mobiliar: An herrlichen Schlössern mangelt es Nordhessen nun wirklich nicht – schöne Ziele für ein Wochenende

Rund 120 Meter thront die Burg Waldeck über dem Edersee. Toll ist auch der Blick von der Terrasse des Schlosses

188

SCHLOSS WALDECK

Auch wer nicht in der heute als Hotel genutzten Burg logiert, kann im Schlossmuseum im Kellergewölbe viel über ihre spannende Geschichte erfahren. Etwa, dass die Anlage aus dem 11. Jahrhundert einst Sitz der Grafen von Waldeck war und später als Kaserne, Gefängnis, Landesarchiv und Forstamt genutzt wurde.

Waldeck, Schloss Waldeck 1
www.hotel-schloss-waldeck.de

FOTOS: TOBIAS ARHELGER/ADOBE STOCK, TIM LANGLOTZ (2), JOCHEN KLEINFELD, TOURISTIK-SERVICE BAD AROLSEN, HANS-G. UNRAU

SCHLOSS WILHELMSTHAL

Die Wände sind unter anderem in Rosa und Türkis gehalten und mit vergoldetem Stuck verziert, dazu kann man in dem Mitte des 18. Jahrhunderts gebauten Rokokoschloss feine Gemälde, edle Möbel und teures Porzellan bewundern.

Calden, Schloss Wilhelmsthal
museum-kassel.de

SCHLOSS RIEDE

Wie Teile des Park ist auch der 1563 errichtete Renaissance-Bau heute in Privatbesitz. Den Turm und das Gobelinzimmer kann man nach vorheriger Anmeldung besichtigen – wer dann noch Zeit hat, schlendert am besten durch das Dorf Riede mit den hübschen Fachwerkhäusern.

Bad Emstal, Wanderparkplatz Riede
naturpark-habichtswald.de

SCHLOSS AROLSEN

Wo schon vor rund 900 Jahren ein Kloster stand, ließ Graf Friedrich Anton Ulrich zu Waldeck (1676-1728) Anfang des 18. Jahrhunderts ein Barockschloss nach dem Vorbild Versailles' bauen. Herz des Hauses ist der Steinerne Saal, für die fünf Räume umfassende Hofbibliothek mit rund 35 000 Büchern gibt es eine eigene Führung.

Bad Arolsen, Schloßstr. 27
schloss-arolsen.de

SCHLOSS HOHENHAUS

Wer dieses schmiedeeiserne Tor passiert, findet sich auf einem ehemaligen Rittergut wieder. Hinter der Fassade des 1901 gebauten Herrenhauses und in der ehemaligen Remise verbirgt sich ein Hotel, das nicht nur mit Antiquitäten und Kunstwerken, darunter von Oskar Kokoschka, aufwartet, sondern auch mit viel Geschichte: So war unter anderem der Schriftsteller Siegfried Lenz hier zu Gast. Perfekt für einen Spaziergang nach einem Abendessen im Hotelrestaurant »La Vallée Verte«, ausgezeichnet mit einem Michelin-Stern, ist der umliegende Park mit alten Buchen, Linden und Magnolien.

Herleshausen, Hohenhaus 1, hohenhaus.de

SCHLOSS SCHÖNFELD

Besucher können die ehemalige Sommerresidenz des Grafen Schönfeld, erbaut 1777, als Eventlocation mieten. Schon die Brüder Grimm waren hier zu Gast. Eine Erkundungstour lohnt auch durch den Park, wo die Installationen des »Klangpfades« dazu einladen, mit verschiedenen Geräuschen zu experimentieren, oder durch den Botanischen Garten gleich nebenan.

Kassel, Bosestr. 13
verein-schloss-schönfeld.com

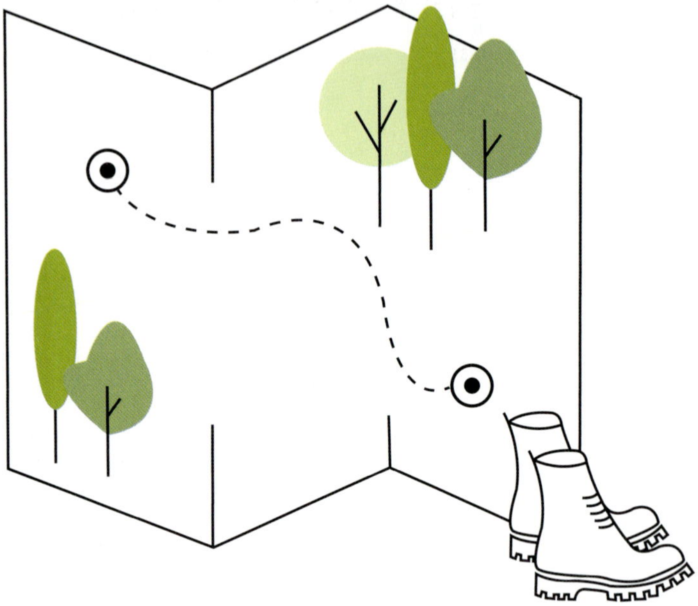

O SOHLE MIO!

Rund um Kassel liegen einige der schönsten Landschaften Hessens – wie geschaffen für Wanderausflüge vom kurzen Spaziergang bis zur anspruchsvollen Tour

RAUS AUFS LAND

KASSEL-STEIG

Wie ein grünes Band legt sich der Kassel-Steig rund um Kassel: eine etwa 160 Kilometer lange Wanderroute aus zwölf Etappen für jedes Niveau von Leistungsfähigkeit und -bereitschaft. Einige Etappen führen über Höhenzüge mit grandiosen Blicken über die Stadt und ihre Umgebung.

Ein beliebter Startpunkt ist der Herkules.
kassel-steig.de

194

PREMIUM-WANDERWEGE

Lust auf Herausforderungen? Das Deutsche Wanderinstitut hat alle Premium-Wanderwege in Hessen übersichtlich auf einer Karte zusammengestellt, unser Tipp ist die Route »Niester Riesen P11« zwischen Mammutbäumen östlich von Kassel.

wanderinstitut.de

195

GRIMMHEIMAT

Rapunzel reloaded: Wuchtige Burgen, verträumte Schlösser und stille Quellen liegen entlang der Wanderpfade in der Grimmheimat im Norden Hessens.

grimmheimat.de

196

ALPENVEREIN KASSEL

Die Kasseler Sektion des Deutschen Alpenvereins organisiert regelmäßig geführte Gruppenwanderungen in der Region und bietet Kletter- und andere Trainingskurse in Kassel an.

Johanna-Waescher-Str. 4
dav-kassel.de

197

198 *Der Knüller!*

NATURPARK KNÜLL

Auf etwa 83 000 Hektar Fläche um die Ortschaft Neuenstein herum erstreckt sich dieser erst 2021 gegründete Naturpark aus Schutzgebieten mit Wäldern, Flussauen, Streuobstwiesen – und vielen zertifizierten Wanderwegen.

naturpark-knuell.de

NETT IN DER STADT

HERBSTHÄUSCHEN

Dieses Ausflugslokal ist als Eventlocation beliebt, steht aber auch bei Wanderern und Mountainbikern hoch im Kurs; man stärkt sich mit Herzhaftem zwischen Fleisch, Fisch und veganer Küche. Wir bewundern Ihre Willenskraft, wenn Sie hier rausgehen, ohne die leckeren Kuchen probiert zu haben.

Ehlener Str. 17
herbsthaeuschen.de

199

FRITZLAR

Seit über 1000 Jahren gibt es das Städtchen Fritzlar, rund 30 Kilometer südlich von Kassel gelegen – ein schöner Startpunkt für Spaziergänge und kurze Wanderungen über die stillen Wiesen und Felder entlang der Eder. Manchen Besuchern reicht auch schon ein Spaziergang durch die Altstadt, geprägt von bestens erhaltenen mehrgeschossigen Fachwerkhäusern und einem Dom mit üppigem Domschatz.

fritzlar.de

200

Impressum

MERIAN scout erscheint in der Jahreszeiten Verlag GmbH

Harvestehuder Weg 42, 20149 Hamburg, Tel. +49 40 2717-0
Redaktion: Tel. +49 40 2717-2600, E-Mail: redaktion@merian.de, Internet: merian.de

CHEFREDAKTEUR
Hansjörg Falz

STELLVERTRETENDE CHEFREDAKTEURIN
Tinka Dippel

ART DIRECTION
Inke Cron

CHEFIN VOM DIENST
Jasmin Wolf

TEXTREDAKTION
Projektleitung: Burkhard M. Zimmermann und Kalle Harberg; Silvia Tyburski, Alexandra Frank (fr.), Jochen Harberg (fr.), Kathrin Sander (fr.), Friederike Schön (fr.), Inka Schmeling (fr.); Raphael Bergmann (fr.), Christine Kemenah (fr.)

BILDREDAKTION
Violetta Bismor

REDAKTIONSMANAGEMENT
Bodo Drazba

KAUFMÄNNISCHE ASSISTENZ
Anne Dreßel

VERANTWORTLICH FÜR DEN RED. INHALT
Hansjörg Falz

GESCHÄFTSFÜHRUNG
Thomas Ganske, Sebastian Ganske, Susan Molzow (CEO), Peter Rensmann, Arne Bergmann

BRAND OWNER/VERLAGSLEITUNG
Oliver Voß

HEAD OF EDITORIAL OPERATIONS
Bartosz Plaksa

GESAMTVERTRIEBSLEITUNG
Jörg-Michael Westerkamp, Stefan Hagel (Zeitschriftenhandel), Thomas Voigtländer (Buchhandel)

HEAD OF SALES
Helma Spieker (verantwortlich für Anzeigen)

ANZEIGEN VERKAUFSBÜRO INLAND
Henning Meyer (Senior Brand Manager)
Tel. +49 40 2717-2496
Corinna Plambeck-Rose (Disposition)

Nord Jörg Slama
Tel. +49 40 22859-2992
joerg.slama@jalag.de

West / Mitte Michael Thiemann
Tel. +49 40 22859-2996
michael.thiemann@jalag.de

Südwest Marco Janssen
Tel. +49 40 22859-2997
marco.janssen@jalag.de

Süd Jonas Binder
Tel. +49 40 22859-2993
jonas.binder@jalag.de

DIE PREMIUM MAGAZIN GRUPPE IM JAHRESZEITEN VERLAG
Gültige Anzeigenpreisliste: Nr. 10
ISBN 978-3-8342-3358-5
ISSN 2627-3241
Erstverkaufstag dieser Ausgabe ist der 10.05.2022

VERTRIEB
DPV Vertriebsservice GmbH
www.dpv-vertriebsservice.de

LITHO
K+R Medien GmbH, Darmstadt

DRUCK UND VERARBEITUNG
Walstead Kraków Sp. z o.o., Obronców Modlina 11
30-733 Krakau, Polen

Das vorliegende Heft ist die 18. Nummer im 4. Jahrgang.

ERSCHEINT IM
JAHRESZEITEN VERLAG
EIN UNTERNEHMEN DER GANSKE VERLAGSGRUPPE

MIT FREUNDLICHER UNTERSTÜTZUNG DER KASSEL MARKETING GMBH

WEITERE TITEL DER JAHRESZEITEN VERLAG GMBH: A&W ARCHITEKTUR & WOHNEN, CLEVER LEBEN, COUNTRY, DER FEINSCHMECKER, FOODIE, HOLIDAY, LAFER, MERIAN, POLETTO, PRINZ, ROBB REPORT, SCHÖNER REISEN, WEIN GOURMET

200 + 1

HEIMWEH?!

Der 45-jährige Robert Koch ist als Robot Koch ein Star der elektronischen Musik, viele kennen ihn vom Soundtrack der Amazon-Serie »Wir Kinder vom Bahnhof Zoo«. Heute lebt er in Los Angeles – und kommt immer wieder gern nach Kassel

MERIAN scout: Machen wir mal eine Zeitreise ins Kassel deiner Kindheit – in welchem Stadtteil bist du aufgewachsen?

ROBERT KOCH: *Meine Eltern haben in Baunatal gelebt, einer Vorstadt. Wir wohnten im Grünen, dort habe ich als Kind die Verbundenheit zur Natur entwickelt, die sich heute in meiner Musik wiederfindet: Du rennst aus dem Haus direkt zum Spielen in den Wald, das war sehr schön. Zur Schule gegangen bin ich in Kassel, dort bin ich später auch abends unterwegs gewesen.*

Wo ging's denn hin?

Dafür, dass Kassel nicht sehr groß ist, bekommt man dort in musikalischer Hinsicht echt viel geboten – es ist halt eine Universitätsstadt, und durch die vielen Studierenden ist immer etwas los. Damals gab es noch einen Techno-Club namens Stammheim, er galt eine Zeit lang als einer der besten Clubs Deutschlands. Die hatten einen Chill-Room zum Entspannen, den mochte ich am liebsten. Da habe ich später auch selbst aufgelegt, eher so ruhige Chill-out- und Downtempo-Sachen.

Auch in der Musik von Robot Koch geht es oft um die Liebe zur Natur

Hattest du als Kind schon Musikunterricht?

Ich habe Klavierunterricht bekommen, und ich glaube, ich war der schlechteste Schüler von Frau Wanzel, meiner Klavierlehrerin – sie hat meiner Mutter oft gesagt, dass ich zu wenig übe. Aber ich musste halt auch immer Sachen spielen, auf die ich keine Lust hatte. Ironischerweise ist das Klavier heute mein Hauptinstrument zum Komponieren, der Unterricht von damals hat also doch was gebracht. Frau Wanzel, wenn Sie das jetzt lesen: Vielen Dank!

Bist du noch oft in Kassel?

Einmal im Jahr mindestens, und das genieße ich dann sehr: Kassel ist ein Ort, an dem ich runterkommen kann, an dem die Zeit langsamer vergeht als in großen Städten. Hier habe ich meine Familie und einige alte Freunde, und es tut gut, sich mal richtig viel Zeit zu nehmen für Gespräche und sich bei einem Aufenthalt auch zwei- oder dreimal zu sehen.

Wie sind denn allgemein die Leute hier so?

Die Menschen in Kassel haben Charme, aber der ist mitunter ein wenig spröde. Der Dialekt klingt manchmal ungewohnt, doch er ist spannend: Die harten Konsonanten sind oft weich, und die weichen sind hart – das wirkt etwas krude, aber auch liebenswürdig. Es ist ein bisschen wie die Berliner Schnauze, die ist auch nicht immer nett, aber sie ist halt auch ehrlich und unverstellt und kann sehr gewinnend sein.

Gibt es für dich einen Lieblingsort in der Stadt?

Baunatal liegt am Baunsberg, und das ist ein fast magischer Ort für mich: Ein bewaldeter Berg, an dem am Wochenende häufig Jogger und Wanderer unterwegs sind, unter der Woche ist aber wenig los. Da gehe ich dann oft kreuz und quer spazieren und bin in der Natur, bin aber auch ein bisschen mit mir allein, das mag ich sehr. Der weite Blick von dort oben auf die Landschaft ist wirklich ganz wunderbar.

Hast du manchmal Heimweh nach Kassel?

Ein bisschen schon. Es ist eher ein nostalgisches Heimweh nach der Vergangenheit, denn ich habe in Kassel viele gute Dinge erlebt, habe aber auch heute schöne Erlebnisse dort. Es hat etwas Bittersüßes, das ich auch in der Musik mag, eine genussvolle Sehnsucht.

201 **HANNOVERSCH MÜNDEN**

Entlang der Fulda sind es rund 30 Kilometer mit dem Fahrrad nach Hannoversch Münden mit seiner malerischen Altstadt und vielen schönen Fachwerkhäusern.

hann.muenden.de

FOTO: SHIRI KUMARI